一流的执行，必有一流的制度

靠人不如靠制度

华商 / 编著

吉林文史出版社
JILINWENSHICHUBANSHE

图书在版编目（CIP）数据

靠人不如靠制度 / 华商编著 . -- 长春 : 吉林文史
出版社 , 2019.2（2019.8重印）
ISBN 978-7-5472-5836-1

Ⅰ . ①靠… Ⅱ . ①华… Ⅲ . ①企业管理制度－通俗读
物 Ⅳ . ①F272.9－49

中国版本图书馆 CIP 数据核字（2019）第 022186 号

靠人不如靠制度

出 版 人　孙建军

编　著　华　商

责任编辑　弭　兰　曲　捷

封面设计　韩立强

图片提供　www.quanjing.com

出版发行　吉林文史出版社有限责任公司

地　　址　长春市人民大街4646号

网　　址　www.jlws.com.cn

印　　刷　天津海德伟业印务有限公司

开　　本　880mm×1230mm　　1/32

印　　张　6

字　　数　130千

版　　次　2019年2月第1版　2019年8月第2次印刷

定　　价　32.00元

书　　号　978-7-5472-5836-1

　　不管我们是在原始社会还是在现代社会，只要我们是生活在群体当中，就必然有规则。我们必须遵守这个规则，我们的一切行为也必须符合群体的行为规范，这便是制度。正是有制度的存在，才保证了我们社会生活的井然有序。

　　企业作为社会大群体中的组织，为了规范员工的行为，保证企业有序地运转，也需要有一套完整的管理制度。企业的发展和战略实施，需要完善的制度作为保证，而各项制度又是企业精神和战略思想的具体体现。成功的组织之所以成功，归根结底是管理的优势造就了竞争的优势，而管理的优势则是通过制度体现出来的。企业之间如果在某一方面存在差距，一定是与此方面的相关管理制度总体实施效果存在的差距。制度从来没有像今天这样与每一个企业的成败兴衰息息相关，也从来没有像今天这样与每个人的利益得失密不可分。可以说，制度的制定与实施，是一条潜流于组织整个运行体系中隐形的手，左右着这个组织的生存与发展，决定着其实力的强弱。

　　企业制定制度，就是要求员工在职务行为中遵照相关的制度来一致地行动、工作、办事。让公司员工都按制度办事，就是要把70%～80%的工作都变成标准化的、制度化的、流程化的东西，使整个流程具有可扩展性和可复制性，使整个公司组织变成学习型组织，使这种制度和流程所描述的运行方式成为公司固有的能力。这样即使出色的领导人离开了，公司的能力却仍然存续。

通过制度流程，会让公司经营者更多地用更科学的方法来做事情。我们要清楚地认识到，制定制度的部分目的虽然是约束权力的滥用，但制度对权力所产生的作用不全是约束力。虽然过去很多公司领导是靠拍脑袋下订单和制订计划，但这种随意性并不是决策者所愿意的，主要是他们本人也不知道如何更好地制订计划和下订单。靠人不如靠制度，让公司的决策和执行过程变得更科学，才能使公司管理者拍错脑袋的几率降低。

按制度办事，还有利于增强企业的核心竞争力。企业的核心竞争力，就在于执行力。而执行是以制度为前提的，管理制度设计得合理，才能让执行事半功倍，甚至获得自动执行。所谓"木受绳则直，金就砺则利"。企业有完善的制度，员工真正按制度办事，在企业内部能做到政令畅通、令行禁止，才能保证有序地开展工作，团队有战斗力、凝聚力。企业整体越是能够按照制度化、流程化的方式运作，就越能够提高自己的核心竞争力，灵活地应对市场，处处占得先机。这就类似于人的身体，之所以能够行动自如，就是因为身体内部是高度协调性的整体。

纵观世界上成功的企业你会发现，把机制交给制度必定是它们成功的共同原因之一。现在许多企业已经意识到企业制度化建设和按制度办事的重要性，但是，许多企业有制度却形同虚设，制度化建设也只是停留在口头阶段。企业只有建立了科学有效的制度，事事有人管、人人有专责、办事有标准、奖罚有依据，才能提高其生产效率和竞争力，使企业人员真正按制度办事，确保公司、企业的经营管理科学、高效地运行。

目 录
CONTENTS

第三章 制度设计的诀窍——不可不知的金牌定律

第四章 让制度百分百地发挥效力——好的制度在于执行

第五章 律人先律已——管理者的自律是法治的前提

第六章 让制度长青——合理时也必须要合情

第七章 让制度与文化融合——善用企业文化来影响员工

第一章

制度比人更可靠

——管理的核心就是一种制度约束

不讲规则的聪明不是真聪明

羚羊和乌龟赛跑，羚羊飕的一声飞奔出去。跑了一会儿，羚羊扬扬得意地回头问："乌龟你跟上来了吗？"只听前面草丛中乌龟答道："我在这儿呢！"羚羊很奇怪，怎么乌龟在我前面呢？羚羊继续往前跑，跑了一会儿，又问："乌龟你跟上来了吗？"前面草丛中乌龟又回答："我在这儿呢！"这时羚羊觉得不可思议了，继续往前跑，又跑了一会儿，问："乌龟你跟上来了吗？"前面草丛中乌龟又回答："我在这儿呢！"羚羊彻底没了士气，很沮丧地跑到了终点，可是乌龟还是在前面的草丛中说："我在这儿呢！"

大家一定会想：乌龟怎么可能比羚羊跑得快呢？其实乌龟知道第二天要和羚羊赛跑后，在比赛途中，隔一段距离就安排一只乌龟蹲守。这样，一路上都会有乌龟"跑"在羚羊前面！

这个寓言故事的结论是：实力固然重要，但是聪明更重要！

真是这样吗？

乌龟的"聪明"是什么？是瞒天过海！是弄虚作假！我们应该学习这种"聪明"吗？任何比赛都要讲规则，讲究公平竞争。

而乌龟凭借兄弟姐妹外貌相似，利用羚羊对它的信任，玩弄阴谋诡计，获得了虚假的胜利。这样的胜利有什么实质意义？它能证明什么？除了说明乌龟狡猾和羚羊憨厚外，什么也不能说明。在这场比赛中，没有裁判和观众，也没有制度和程序，与其说是一场比赛，不如说是一场儿戏。如果今后乌龟要和兔子、狐狸再来一次比赛，它还能取胜吗？

如果这个寓言的结论成立，那么一个毫无实力的考生，可以依靠舞弊获得好成绩，他不但不应受到批评和处罚，反而要被称赞"聪明"。依此推论，企业做假账是"聪明"，官员虚报政绩也是"聪明"，法庭作伪证是"聪明"，在竞技场上注射兴奋剂也是"聪明"。只要达到目的，可以不择手段，世上一切制造假恶丑的人，都成聪明与智慧的化身了。

然而，令人叹息的是，很多人都在学习这种"聪明"。比如打牌，很多人都认为偷牌是很正常的，还觉得这个家伙聪明、反应快，弄虚作假者本人也会为自己的"聪明"而自豪。

一个在国外留学的学生因为经常逃学，考试未能通过。有人问他："通不过是不是要重修？"他得意地说："别人要重修，我才不那么傻。学校的规则是，考试没有通过的学生，如果有医生证明该生在考试期间生病了，可以在一定时间内参加补考。补考的卷子和原来的卷子基本一样，大概只有20%的新题。我可以让考完试的同学把题告诉我，这样至少可以拿60分。"别人又问："你怎么才能拿到医生的证明呢？"他说："去找个医生，送他个小礼物就行了。"

这种"聪明"不禁让人心里涌上一股悲哀。学校的制度想必是经过充分论证的，其前提是假设每个没有通过考试的学生都是诚实的，给诚实的学生一个补救的机会，这是教育制度的合理性之一。这个制度在这所有着百年历史的世界名校使用多年，在这个学生身上竟然失效了。

现代社会是建立在规则之上的。把一切规则都打碎，靠耍小聪明、玩小技巧取胜，那还要什么艰苦奋斗？最终我们拿什么与国际接轨？

不讲规则的聪明，绝对不是真正的聪明，充其量是一种让人不齿的"狡猾"而已，甚至是一种邪恶。它可能会得逞于一时，却始终上不得台面，进不了大场合，得不到真正的光荣。

生意场上也是这样。俗话说"商场如战场"，企业在激烈的竞争环境中为了保持有利的竞争地位，不断想办法增强竞争力本来无可厚非。可是如果这些"办法"明显破坏了商业规则，就绝不可能拥有持久的客户，最终还会受到法律的制裁。

真正的聪明人懂得掌握规则，然后在规则允许的情况下尽可能地发挥自己的能力。

制度不是最好的，但制度却是最不坏的

彼得·德鲁克曾说："一个不重视公司制度建设的管理者，不可能是一个好管理者。"俗话说："没有规矩，不成方圆。"这句古语也很好地说明了制度的重要性。一个企业想不断发展，永续经营，有一个比资金、技术乃至人才更重要的东西，那就是制度。

施乐公司老板曾自豪地说："施乐的新产品根本不用试生产，只要推出，就有大批订单。"这是为什么呢？原来，他们开发的每个新产品都采用统一的管理模式。这种模式以用户需求为核心，共有产品定位、评估、设计、销售4个方面近300个环节。通过反馈信息以及对大量数据的不断调整，产品一经面市就能满足用户的需求。凭着一整套行之有效、科学严密的管理程序，百余年来，施乐公司始终是世界文件处理行业的领头羊。

制度和标准就是竞争力。一个企业，假如缺乏明确的规章、制度和流程，工作就很容易产生混乱，造成有令不行、有章不循的局面，使整个组织缺乏协调精神、团队意识，导致工作效率低下。

制度对于企业来说，其根本意义在于为每个员工创造一个求

赢争胜的公平环境。所有员工在制度面前一律平等，他们会按照制度进行工作，在制度允许的范围内努力实现企业效益和个人利益的最大化，从而使企业在良好的竞争氛围中实现突飞猛进的发展。企业管理者要善于把制度引发的竞争乐趣引入到管理工作中去，让团队中的每一个人都对工作保持激情。

英国前首相丘吉尔曾说："制度不是最好的，但制度却是最不坏的。"远大空调董事长张跃说："有没有完善的制度，对一个企业来说，不是好和坏之分，而是成与败之别。没有制度是一定要败的。"在竞争日益激烈的商业社会，制度才是克敌制胜的根本之道。对于任何企业管理者而言，要创一番大业，成一代企业家，一定要多琢磨一下那句老话，"没有规矩，不成方圆"；一定要完善制度和标准，锻造企业制胜的"秘密武器"。

把"自由"之屋搭建在"限制"的围墙里

有这样一则寓言：河水认为河岸限制了它的自由，一气之下冲出河岸，涌上原野，吞没了房屋与庄稼，给人们带来了灾难，它自己也由于蒸发和大地的吸收而干涸了。

河水在河道里能掀起巨浪，推动巨轮，而当它冲决河岸以后，就只能造成灾害，既危害他人，又毁了自己。

人人都向往自由，但超越限度的自由具有破坏性。所以，制度或规则既是对自由的限制与规范，也是对自由的捍卫与保护。

　　汽车在高速公路上奔驰，火车在轨道上自由行驶，轮船在航道上破浪前进，飞机在航线中航行。可是，如果离开了公路、铁轨、航道、航线，它们就失去了行动的"自由"。它们取得行动"自由"的前提，就是交通规则的限制。

　　一个城市，如果没有交通规则，你骑自行车乱闯红灯，他驾驶汽车横冲直撞，我步行随意穿越马路，那么，这个城市的交通状况必定是一片混乱，交通事故的不幸就会频繁地降临到人们头上。

　　如果有严格的交通规则，尽管人多车杂，但行人车辆各行其道，红灯停绿灯行，穿梭有序，就会有条不紊，畅通无阻。

　　人类的一切活动都受到规则的限制，规则保证了人类活动的顺利进行，也保证了人类活动能够产生有意义的结果。

　　新加坡以制度制约不文明的行为而闻名。任何小事都有相关的法律，比如家中滋生蚊子，一旦罪名成立，要坐牢3～6个月，或处以5000～10000新元的罚款。如果夫妻打架，把物品扔下楼，就犯了"鲁莽行事罪"。为了禁止在电梯中小便的行为，电梯内都装有尿液侦察器，一旦有人小便，电梯会自动停止，困住肇事者。乱扔垃圾的人，要穿上印有"劳改"字样的黄背心，不仅罚其打扫卫生，还要通知媒体曝光。

　　新加坡人要遵守的法律和规定很多，这么多制度悬在头顶，会不会很麻烦，是不是限制了人身自由？有外国记者在新加坡当地随机询问，所有人都笑着说："不做'不可以'的事就行了。"

"不可以"是新加坡人的口头禅，做好公民，不做"不可以"的事，是他们的基本原则。

"限制"作为自由的对立面，是自由赖以存在的基础，这符合哲学对立统一的观点。完全没有"限制"的自由不可想象，没有了"限制"也就无所谓自由，更谈不上争取和享受自由。

人们常说："断线的风筝会落地。"不错，风筝在空中的自由，是受到长线的束缚而得到的。一旦系着它的线断了，风筝就会一头栽到地上，失去飞翔的自由。

同样的道理，企业要想做强做大，就不能由着性子胡来，必须要有一套有效可行的规则保证发展顺利进行。野台唱戏、游击作风可能得逞于一时一事，但绝逃不出饥一顿饱一顿直至消亡的结局。能人治理，可以使企业从无到有，从小到中，但绝不会到大到强，经久不衰。有了统一的制度标准，企业的发展目标才会明确，员工的行为才会一致，各项工作才能有序开展。

对滥用权力最有效的约束就是制度

在我国传统文化中，儒家学说无疑占主导地位，其关于人的核心理念是"人性本善论"。由此出发，在涉及治国方略时，性善论认为，既然人性是善的，就没有必要建立、健全各种法律制度，只要加强道德感化即可；只有在道德感化无法奏效的情况下，才辅之以法律，即所谓"德主刑辅"。这样，法律就成了道德的附庸。在权力与法律的关系问题上，性善论支持权大于法。由于他们过分相信掌权者的道德自律，迷信"圣君贤相"，放松了对掌权者的警惕，忽视了对权力的法律制约，导致权力凌驾于法律之上。

相反，西方占主导地位的是"人性本恶论"文化。柏拉图由早年典型的人治论者转变为晚年的法治论者，其重要原因就是他认识到人的统治中混有"兽性因素"。因此，人类必须有法律，并且必须遵守法律。否则，他们的生活就像最野蛮的兽类一样。西方对人性的不信任产生了法治思想，大概始于此。柏拉图的学生亚里士多德在《政治学》一书中指出，人类具有罪恶本性，失德的人会贪婪无度，成为最肮脏、最残暴的野兽，这是城邦幸福、生活和谐的莫大祸害。西方基督教的"原罪说"更加剧了对人性的不信任。性恶论为法治思想奠定了文化根基，既然人性是恶的，就必须努力健全法律制度，防止人性中的贪婪成分恶性膨胀。

然而，对于权力，我们长期以来侧重于道德制约，忽视了加强法律和制度制约的重要性，没有认识到制度建设的根本性、长期性和全局性，以致出现了严重的个人专断和个人崇拜现象。这个教训不可谓不深刻。

一个地方存在一个至高无上的权威并不奇怪，但如果公众心目中的最高权威不是法律，而是所谓的"人格魅力""权力道德"，那么这个社会肯定不是法治社会，即便不是"赤裸裸的人治社会"，也只能是"法治面纱下的人治幽灵"。在权力高于法的地方，法都是随执掌权力人的意志而被随意塑造的。这种环境下的法是"人格化"的，没有理性而且多变，人们无法信赖法律，也无法依靠法律，只能转而投向"人身依附"或"权力依附"，其结果就是"权钱交易""权力寻租"等贪污腐败现象横行于世。当法律的权威远不及一人之言时，国家就有倾覆的危险。马克斯·韦伯在其著名的官僚制合理性设计理论中也认为，个人魅力型统治，是建立在某个具有非凡气质的领袖人物的人格魅力之上的，行政职务不是一种稳固的职业，也没有按正常途径升迁，全凭领袖个人意志的直接指定，其行政体制的特点是反复无常性。所以，所谓的"人格魅力""权力道德"并不理性，只靠人的内心自律而没有外在的刚性制度、法律加以约束，是极其危险的。

　　一切有权力的地方都需要对权力进行制约，否则就会造成权力的滥用，这是一条被人类历史反复证明了的客观规律。

　　权力滥用产生的根源在于权力失去了监控和约束。制度使各项工作程序化和透明化，强化对权力的监控和约束，滥用权力的可能性就会减小；同时，制度中对滥用权力行为的严厉制裁，会使权力滥用的风险和成本增大，从源头上防止滥用权力行为的发生。

　　追本溯源，权力起源于维护社会公共利益和社会公共生活秩序的需要，就其本质而言，权力乃是一种公共意志，是人类社会和群体组织有序运转的指挥、决策和管理力量。人类的政治发展史表明，权力，作为一种充满魔力的社会客观现象，曾给人类带来过巨大的利益，也给社会造成过深重的灾难，其关键在于权力的运行是否受到合理有效的制约。

人治会影响企业发展的延续性

　　经济学家研究发现，华人企业是领袖中心型企业，而跨国公司是制度中心型企业。华人企业大都是企业家比企业有名，如企业家李嘉诚；但跨国公司往往是企业比企业家更知名，如可口可乐。

在中国，很多人存在着这么一种看法：一个出色的领导必须具有较强的个人魅力，一个管理水平较高的组织——不管是一个大集团还是一个小组——也肯定是被一个个人魅力较强的人管理着。换句话说就是：要想把一个组织管理好，个人魅力是一个重要因素，它对管理工作起着决定性的作用。

人治的问题并不在于任何领导者都可能犯错误，而在于无法长期有效，无法保证制度、政策的稳定性和可预期性，在现代高度分工的社会中更是如此。

只有良好的企业制度才能够保证企业的持续发展。在引进西方管理理论的时候，应注意这一关键的因素，而不应过多地关注领袖和手段等因素。

改革开放以来，中国的企业发展壮大起来的虽然不少，但是能成功地完成领导人交接，并使企业保持持续发展的却凤毛麟角。因为其从根本上将保证企业持续发展的原动力搞颠倒了，人们将希望寄托在一个"有本事""有魅力"的企业领袖身上，以为他在其中起着决定性的作用，但是事实上起作用的是制度。

不可否认，管理者的个人魅力在管理中起着积极作用，然而个人魅力是难以模仿和传承的。可以看到，改革开放以来，国内许多企业取得了不错的发展，涌现了一批知名企业和企业家，他们或因杰出的才能、非凡的人格魅力，或因"时势造英雄"而成为企业的绝对主宰和精神领袖，当这个人因某种原因离开后，这家公司的状况也大不如前。这种脆弱的人治直接影响企业长远、稳定的后续发展。

对一个组织来说，有一个个人魅力强的领导是好事，但要把这种好事延续下去却较难。因为一旦某个人的个人魅力强，就会对自己的魅力过于自信，管理过程中也会特别重视个人魅力的作用，从而忽略了系统的管理制度以及管理文化的确立，时间长了就会演变为人治。一旦这个人离开该位置，那么这个组织就可能风光不再了，除非再出现一个个人魅力极强的人，或是一位出色的、具有先进管理思想的领导。

某位董事长曾说："为什么我们第一代企业领导人一旦退休，或者突然发生意外的时候，这个企业就垮了？原因就在这里，它没有制度化。因而，只有为企业建立了一套制度的企业家才能算是成功的企业家。比如说美国'开国之父'华盛顿，他制定了美国宪法和民主的选举制度，他的伟大在这里，而不在于他是开国总统。实际上对企业来说，成功与否关键在制度。就是我不在，公司还能很好地发展下去，这才是最大的成功。"

只要制定了相应的制度并切实执行，不管是谁当领导，都能将公司经营好，这才是持久的管理。

假如一个有特殊本领的人，不论白天或黑夜，只要看一下太阳或星星，就能准确地告诉你时间，我们可能会对他肃然起敬。然而，如果这个人不只是告诉我们时间，而是发明时钟，让它永远向我们报时，即使他去世了也不怕，那么，这个人不是更加伟大吗？

同样，作为一个企业的领导人，如果没能建立一套行之有效的机制，那么无论他的个人领导力和魅力多么出色，他所扮演的也仅仅是"报时者"的角色，企业一时的兴旺仅仅是建立在他个人能力之上。但如果企业建立了一套运行机制，可以使企业在任何人的领导下，经历多次产品生命周期后仍然欣欣向荣，这就是"造钟"者了。从这种意义上讲，企业能否持续发展，不能仅仅依赖于某个好领导、好班子。古语说"授人以鱼，不如授人以渔"，持续发展的关键在于制造一台运转良好的"时钟"，即建立一套行之有效的机制。

被誉为"企业管理之神"的台塑集团创办人王永庆，从建立台塑，到带领台塑走上巅峰，多年来，一步一个脚印地建立和完善着企业的制度。令人称奇的是，屡次经济波动，台塑都没有受到多大影响，一直保持着稳健的发展势头，可以说，完善的制度功不可没。

罗宾斯指出，当组织开始制度化以后，它就有了生命力，独立于组织建立者和任何组织成员之外。它具有稳定性和连续性，不会因为领导的更换而发生变化。

一个组织的长生不老绝不仅仅依赖于其英雄人物的"超凡卓识"，在更大程度上应依赖于规章制度体系。在组织中，人是暂时的，制度是永恒的。企业在不同的阶段面临着不同的问题，需要不同的领导才能，不可能有哪一个人完全具备不同阶段所需要的所有才能。没有人能永远充当成功的管理者，只有好的制度才可以永远发挥作用。这样，在一代代管理者的传递中，企业的精华非但没有丢失，反而被丰富了，企业也得到了更好的发展。

当企业形成完整的制度体系后，不仅企业领导，就连一般员工的工作也有了延续性。某员工离开某岗位时，接管其工作的后来者可以依照原有的"制度"迅速展开工作。这就是长青企业职员可以频繁流动或较长时间休假，但公司照样能有效运转的奥秘。

总之，规范的制度，能使企业的各项事业按照同一机制和程式发展，从而具有了自主发展壮大的能力，有效地解决了人治情况下延续性缺失的问题。

现代团队需用法治代替人治

世界经济形势动荡，市场不确定因素增加，使企业管理层所面临的情况变得极其复杂。在很多情况下，单靠个人能力已无法处理各种错综复杂的情况，并采取切实有效的行动，这就要求组织成员之间相互依赖、共同合作，用团队的力量来解决个人无法解决的问题。因此，各行各业都需要团队的合作来实现绩效与价值。

这是一个团队作业的时代。高效的团队对于任何一个企业来说都是至关重要的，它可以将整个企业牢牢地捆在一起，更好地发挥整体作战能力。正所谓"同心山成玉，协力土变金"，尤其是在面对危机时，一个企业要生存和发展，就不能不依靠团队的力量渡过难关、创造奇迹。因而，如何建设并管理好团队，对各层管理人员都异常迫切。

但是，很多管理者都习惯了事必躬亲，不会放手使用人才，这在组建团队、进入规范化管理阶段就成为了发展的障碍。管理者的"四随"（即随意、随性、随机、随时）也会导致团队成员无法开展工作，团队运作毫无章法和定性。

总经理李先生总是会抽空到各个科室去转转，前几天他们刚接了一个大批量生产任务，他想去看看生产分工和计划工作做得怎么样了。

"我们马上就可以完成这项工作的计划和分工了。"生产部的刘经理热情地说。

"等一下，你们已经把工作计划书完成了？"李经理说。

"你不是要求我们尽快拟订一份计划书吗？"刘经理不解地问。

"我是让你们做了。但是，你们怎么能在我一无所知的情况下自作主张呢？你们为什么不把计划书安排表交过来，让我审查批准呢？"李先生皱着眉头说道。

李先生做得对吗？如果这件事发生在好多年前，李先生的做法还没有什么不妥。但在当今社会，李先生这样做恰恰暴露了他还没有建立完善的制度，他不是用制度理顺团队与管理者的关系，而是凡事都自己动手。

现代的团队越来越复杂，成员的数目越来越多，人们的思想也发生了很大变化。在这种情况下，传统的人治已明显不能满足现代团队的需要了。因此，用法治代替人治，显得尤其紧迫。

公司建立团队，其目的不外乎想利用员工自我管理、自主决策的能力调动其主动性和创造性。在当今社会，李先生还在以一个传统主管的思维去考虑问题，认为自己应该决定一切。从长远来看，李先生如果不改变观念，团队的成员就会失去主动性和创造性，回到被动工作的原始阶段。

在这种情况下，李先生必须要完成从主管到教练的角色转变才能带领团队获得成功。教练要做什么呢？

第一，他要制定比赛规则，规定哪些可以做，哪些不可以做。他要培养团队获得必要的技能、上进的动力，给予他们必需的设备，并且保证他们有效地进行工作。

第二，他要确保团队成员遵守所有制度上规定的要求。团队熟悉这些规则之后，就会按照规则自动运行和自我管理，李先生就可以越来越少地做主管的工作。在上例中，李先生可以问一下是否所有的成员都参与了这个项目的决策，是否每个人都对这个项目满意等等。

第三，他绝不能对团队或是其中任何成员指手画脚。除非他们违反了规则，或者确知该团队尚不具备独立决策的能力。即使这样，他应该做的也只是纠正他们，或是设法帮助团队或其成员培养决策能力。

用制度化管理减少决策失误

无论是一个国家，还是一个企业，都会涉及决策问题。曾获诺贝尔经济学奖的美国著名管理学家西蒙有句名言，"管理就是决策"，由此可见决策在管理过程中的重要性。

对国家而言，一个错误的决策可能给民族带来无法弥补的损失，如二战时期希特勒统治下的德国；而对企业而言，一个错误的决策可能葬送该企业，如巨人集团准备投资12亿元建造70层大厦的宏伟计划，最终造成了企业的倾覆。

调查显示，大多数企业失败在于投资失误，投资失误源于决策失误，决策失误往往是企业领导独裁即"人治"所造成的。

大部分成功企业是由一两个领导人物执掌大权，主导企业的命运，这种现象可以看作企业的"人治"，实质上是主观的、感性的、一个人说了算的企业管理模式。

应当说，创办和管理一个企业，在一定时期、一定条件下，一个人说了算有一定的合理性，国内外也有不少成功的事例。但是，这种成功是相对的，一般仅存在于企业创业的初期或早期。那时，企业的规模比较小，条件也比较差，创业者害怕失败，不敢乱来。在这样的心态下，就算是一个人说了算，在决策之前也比较注意听取别人的意见。因此，在创业早期，一个人说了算还有其正面而积极的作用。

但是，一个人说了算在特定条件下的效率与科学意义上的效率不能画等号。在没有科学民主的决策程序的情况下，企业的前景和发展趋势是很难预测的。如果将企业的命运寄托在领导者个人身上，把一个人说了算看成是科学的管理方法，一直坚持下去，早晚要走到尽头。

市场主体的独立性、自主性、平等性、竞争性，要求制度起到引导、规范、调整、制约、保障的作用，这就决定了市场经济只能是法治经济。随着我国市场经济的发展和企业自身利益的需要，从人治走向法治是一种必然趋势，企业只有深刻解读制度化管理的内涵，减少人为不确定因素的影响，才能真正走上稳健的发展道路。

制度化管理从根本上排斥"一言堂"，排斥没有科学依据的决策。企业的决策过程程序化、透明化、科学化，可以使决策结果经得起实践的检验和市场的考验。

制度化管理可以纠正个人错误，即使领导者决策失误，也有一套纠错机制扭转失误。坚持依法治企，建立一套完善的现代企业制度并加以贯彻实施，由"能人治理"变为"制度治理"，是企业实现基业长青的必由之路。

依法办事，化解法律风险

当前，很多企业的管理者还处在依靠行政手段管理员工的阶段，不是依据企业依法制定的内部规章制度来管理员工，而是依据领导人的个人意志来管理，依据行政手段来管理，管理方式带有很浓的行政或人治色彩。

与劳资相关的法律及条例的变动，改变了企业长期以来宽松的劳动用工管理环境，给企业现有的人力资源管理模式带来了很大的冲击，使企业不得不思考如何改变现有模式。企业在劳动用工管理方面必须改消极、被动的管理为积极、主动的管理，把化解法律风险放在第一位。

1. 依法治企，严格执行与劳动保障有关的法律法规

国家制定和完善一系列的法律法规，旨在促进劳动合同关系的和谐。法律法规就是用人单位进行经营和管理的准则和行为底线，例如，签订劳动合同，按时足额支付工资，缴纳社会保险及最低工资保障等。用人单位违法是劳动争议发生的主要原因，最

终用人单位需要支付很高的违法成本。因此要树立依法治企的观念，形成依法管理的氛围，严格执行劳动保障的有关规定，这是预防劳动争议最有效的途径。

2. 依靠劳动合同和规章制度来管人

基于双方平等自愿签订的劳动合同，是双方行使权利、履行义务的依据。但是劳动合同不能将劳动关系存续期间涉及的方方面面都明确。用人单位必须充分利用法律赋予的制度管理权限，认真制定和完善企业规章制度，用制度管人管事。所谓的用工制度，应当是指建立起符合企业（单位）实际情况的制度体系，包含薪酬、奖惩、绩效、劳动纪律、安全卫生、社会保险与福利以及岗位职责与操作规程等各个方面的规章制度。这些规章制度应当具有合法性、合理性和可操作性。因此，一部完善的规章制度，对用人单位尤为重要。在两者均合法的前提下，劳动合同的效力将高于企业规章制度的效力。

3. 规范日常管理，注重细节，强化证据保留

如建立每个员工的档案，将经员工签收的通知、员工确认的考评表、谈话记录或处罚决定等材料及时入档，这有利于用人单位保护自己的合法权益，也有利于劳动关系的稳定和劳资矛盾的处理。

4. 建立劳动争议处理的内部沟通、申诉与协商机制

法律允许调解，有的还支持调解。比如《劳动争议调解仲裁法》就支持调解，强调劳动关系的和谐。因此，为了化解和消

除劳资矛盾，用人单位有必要建立内部沟通、申诉与协商机制。包括：

（1）建立内部沟通机制，保障内部各部门、上下级之间沟通渠道的畅通。可以通过会议形式、谈话形式，或者是文件形式，来传递用人单位的信息，听取员工的意见，消除员工的抱怨和不满。

（2）建立员工申诉机制。企业要管人，不可避免地要处罚违反劳动纪律、操作规程或其他规章制度的员工，这种情况下，劳资矛盾就有可能发生。这就需要提供一个给员工申诉的平台。

（3）建立工会，充分发挥工会的协商作用。很多企业没有建立工会组织。《劳动合同法》明确规定了工会在贯彻《劳动合同法》中的地位和责任，并在多处赋予了工会参与和监督的权利。有条件的用人单位应当重视起来，充分发挥工会的作用。

制度防止"家贼"

一位报社记者曾到某针织总厂一职工家造访，映入眼帘的针织品犹如工厂的陈列室，好客的主人将厂里的产品分赠客人，客人惊诧不已："你太破费了！"主人却淡淡一笑："工厂就是我的家厂。"一位工人对记者说："逮到了是你的，逮不到是我的！"一段时间里，厂里破获的治安案件的作案者均是本厂人员。

在这家针织总厂即将倒闭、全面停产时，总厂四周的100多家个体针织作坊却日夜机器轰鸣，其产量可与针织总厂相比。据说早在几年前，有的工人就是早晨进厂报到，然后就到个体厂上班。总厂研制的新产品还未出厂，个体作坊早已将产品推出，抢先占领了市场。个体作坊的机器坏了，自有人到厂里正在运转的机器上换个好的零件来。个体户缺原料了，也会有人从厂内运来。结果，就这样一个针织厂被"拿没了"。

由此可见，企业人、财、物的管理是基础管理，这项工作做不好，即便企业再大，也会被掏空拿光的。

要有效防止"家贼"，有必要先给其分类，然后才能有针对性地加以预防。一般来说，员工盗窃大致分为以下5种类型：

第一，盗用公款（贪污公司资金）。

第二，盗用公司产品或原材料。这种行为既包括在仓库码头装货后再偷偷地把小型卡车倒回仓库码头，私自卸下一些价值昂贵的库存物资，也包括将公司的一盒曲别针拿回家。

第三，盗用公司时间（包括早上迟到、午餐时间过长、在洗手间闲聊、早退、让朋友代打出勤卡等等）。

第四，盗用公司业务设施（用办公室电话打私人长途、用办公室复印机复印个人文件、通过公司的邮寄部门寄发私人信件和包裹等等)。

第五,盗窃公司信息资料(窃取公司秘密、专利、客户名单、营销计划、产品设计、定价方案等等,这类盗窃行为通常被称为"工业或商业间谍")。

在上述5种盗窃行为中,最受人注意并且最有可能受到指控的就是对公款的盗用。与货币或有价证券打交道的机构,如银行和证券经营机构中,尤其容易出现盗用公款的现象。因个人原因造成的公司亏空甚至高达8位数以上。

预防员工盗窃,仅有思想教育及企业文化建设是不够的,还应从制度上、规范上来加强企业内部的监控体系。

1. 盗用公款的防范

要有一整套检查和互相制约的制度,所有的业务都要由两人以上经手,每张支票都要有两人签字;采购部门的账户同应付账款分立;如果邮件中含有现金或支票,那么应当由一位员工打开邮件,另外一位员工登记现金或支票的数额,然后再由第三人即出纳员将其登记入册;审计应是经常性的,而不是等到需要时才进行;千万不能让一个人负责处理一项交易的所有流程;限制员工在不受监督的情况下加班。有关财务制度可参照正规的财务制度范本制定。

应注意员工盗用公款的迹象。比如,员工的生活方式是其现有的工资所无法负担的、赌博问题、拒绝休假、过多加班、怀疑其有滥用药物问题、借钱过多、个人生活一片混乱、独自占有某些公司文件记录、总是躲躲闪闪等。

2. 盗窃产品的防范

制止员工盗窃产品的最佳途径是加强控制。最容易发生产品盗窃的地方是仓库，应密切监控库存，建立良好的库存制度，除被授权人员以外，限制其他人接近仓库库区。进入库区要求佩戴标志，使用电视监视器，将贵重产品隔开存放，检查员工的包裹，保持警觉。

最可能发生产品被盗的时间是货物进入或离开公司的时候。当货物进入公司的时候，很可能在仓库码头就被转移走了，而根本没有进入仓库大门；而当货物从公司发运出去的时候，则有可能会被运往一个假造的地址。

对盗窃库存的防范应当从加强对货运部门和接收部门的监控着手。在收到货物时要亲自监督，核对装货单和实际的收据。发运货物要由两个人共同查验，不要把货物留在无人看管的码头上。将所有收到的货物都记录在案，并立即将它们送到指定的库区。

要确保送到货运部门发送的货物与接货单相符，每一次都要按照实际的订货地址发运货物。每一次出货时，都要明确分拣员工或准备订单的员工是谁，在仓库中安装监视器，进行现场检查。经常对实物库存进行盘点，不要过于依靠计算机。

3. 盗用时间的防范

盗用办公时间的行为比较难控制。解决这一问题的最佳策略就是主管经常出现在办公室里，这可以有效地防止员工消极怠工。主管要时常待在办公室里，随时了解办公室中所发生的事情，询问各个项目的进展情况，参与部门的日常活动。打卡制度是记录员工是否按时上下班的一种有效办法，还可以用录像设备防止代替打卡现象，但这种方法并不适用于所有工作环境。当然，一直盗用办公时间的员工是不可能与尽心尽责的员工取得一样的绩效的。因此，对员工的工作绩效进行追踪，能够帮助管理者锁定那些经常盗用办公时间的员工。

4. 盗用设施的防范

当员工使用公司的复印机复印一本800页的小说时，或用公司电话给远在佛罗里达的母亲打长途时，你该怎么办？最好的办法就是控制办公设备本身。安装带有记录使用者姓名功能的复印机，把长途电话功能限制在几部电话上，每月检查通话记录。这样不仅可以确认是谁使用了办公室设备，而且还可以把使用费用分摊到各个部门和各个项目上。

留心观察是另一个有效的方法。时不时拿起复印机内的文件看一看，在一位打了10分钟电话的员工附近不时巡视，看看他的表情有没有什么异常，除非对方是"心理素质过硬"的人，否则你很快就能发现作案者。

5.盗窃信息资料的防范

控制公司机密外泄是相当重要的，但也是不容易的。由于现在许多公司的机密都被放在电脑里，这样问题就变得更为复杂了。防止信息资料被盗的最好办法是对一些活动加以限制。把研究开发活动与其他活动分开，将资料放在加锁的档案柜里，或加密的电脑文件夹里，使用授权的密码；保留文档查阅者的姓名记录，记录什么时候有员工进入限制区域；限制进入和退出档案的次数。把工作进行分工，这样就没有人能够进入一个项目的所有部分。当有员工离职时，应改变锁具和密码。如果你的下属盗用公司的名誉，或盗用商业资料，为了维护公司的利益，可以按制度的规定立刻解雇该职员；如果情况严重的话，甚至可以考虑采取法律行动。

日常使用的办公用品设有登记制度是必要的，但对于文具，如圆珠笔、记事簿等，就不宜作过分的管制，因为，如果这些常用的物品，也要实施登记制度的话，职员会感到很麻烦。文具的用量，每个部门均有适度的分配，只要情况不太过分，便不宜在这些小事情上花太多时间。

值得一提的是，如果管理者要求下属公私分明，首先必须以身作则，即使一般人认为是微不足道的事情，管理者也最好依循规矩做事，别给人留下话柄，也别给下属留下不良印象。

好制度胜过一切说教

第二次世界大战中期，美国为空军提供降落伞的制造商制造的降落伞安全性能不够。后来在厂商的努力下，合格率逐步提高到99.9%，而美国军方要求降落伞的合格率必须达到100%。厂商对此很不以为然。他们认为，能够达到这个程度已接近完美，没有必要再改进。他们一再强调，任何产品都不可能达到绝对的100%合格，除非奇迹出现。

但军方却不这样想，他们认为，99.9%的合格率就意味着每1000个伞兵中，会有1个人因为产品质量问题在跳伞中送命，这显然会影响伞兵们战前的士气，是不能被接受的。后来，军方改变了检查产品质量的方法，决定从厂商前一周交货的降落伞中随机挑出一个，让厂商的负责人装备上身后，亲自从飞机上跳下。这个方法实施后，降落伞的合格率立刻就变成了100%。

刚开始厂商还总是强调难处，为什么后来制度一改，厂商就再也不讨价还价，乖乖地绞尽脑汁提高产品质量呢？原因就在于前一种制度还没有最大限度地涉及厂商的自身利益，以致厂商对那1‰的不合格率没有切身的感受，甚至认为这是正常的，对伞兵们每千人死一人的现象表现漠然。后来制度一改让厂商先当一个"伞兵"，先体验一下这个1‰的感受，结果奇迹出现了，相信这一定是厂商"夜不能寐"、"废寝忘食"的结果。

管理员工离不开制度，好制度胜过一切说教。

好的制度设计对社会和企业非常重要，人性、良知、觉悟、教养、能力等有关人的一切，只要制度定得好，人都是好的，企业和社会都会兴旺发达，否则反之。

18世纪，大英帝国向世界各地殖民之时，英国探险家到达澳大利亚并宣布其为英国属地。当时英国普通移民主要是到美国，为了开发蛮荒的澳大利亚，政府决定将已经判刑的囚犯运往澳大利亚，这样既解决了英国监狱人满为患的问题，又给澳大利亚送去了丰富的劳动力。

政府把将犯人从英国运送到澳大利亚的船运工作交给私人船主承包，而政府只支付长途运输囚犯的费用。一开始，英国的私人船主向澳大利亚运送囚犯的情况和美国从非洲运送黑人的情况差不多，船上拥挤不堪，营养与卫生条件极差，囚犯死亡率极高。据英国历史学家查理·巴特森写的《犯人船》一书记载，1790年到1792年间，私人船主运送犯人到澳大利亚的26艘船共4082名犯人，死亡为498人。其中一艘名为海神号的船，424个犯人死了158个。

如此高的死亡率不仅在经济上造成了巨大的损失，而且在道义上也引起了社会强烈的谴责。原本罪不致死的犯人却要在海上运输中面对一次死刑的审判煎熬。政府如何解决这个问题呢？

政府想到了一个方法，他们不再按上船时运送的囚犯人数来给船主付费，而是按下船时实际到达澳大利亚的囚犯人数付费。因为按上船时人数付费，船主就会拼命多装人好得到更多的钱。而且途中不给囚犯吃饱吃好，把省下来的食物成本变为利润，至于有多少人能活着到澳大利亚则与船主无关。但是当政府改变方法，按实际到达澳大利亚的人数付费时，能有多少人到达澳大利亚就变得至关重要了。这些囚犯是船主的财源，自然也就不能虐待了，正如牧羊人不会虐待自己的羊一样。这时私人船主就不会一味多装囚犯，因为要给每个人多一点生存空间，要保证他们在长时间海上生活后仍能活下来，还要让他们吃饱吃好，当然还要配备医生，带点常用药等。这些抉择与措施是极其复杂的，不过新的方法实施后，这些就变成了船主的事而不是政府的事了。

据《犯人船》一书介绍，当政府这种按到达澳大利亚人数付费的新制度实施后，出现了立竿见影的效果——1793年，3艘船到达澳大利亚，这是第一次按从船上走下来的人数支付运费。在422名犯人中，只有1个死于途中。后来这种制度经过修改完善后普遍实施，政府按到澳大利亚的人数和这些人的健康状况支付费用，甚至还有奖金。这样，运往澳大利亚囚犯的死亡率迅速下降到1%至1.5%。

私人船主的人性没变，政府也并没有立法或建立庞大的机构与人员去监督，只是改变了一下付费制度，一切问题就迎刃而解了。这正是制度经济学强调制度重要的原因。

英国政府解决这个问题的办法非常巧妙，第一，他们没有乞求船主们发善心，寄希望道德说教的作用；第二，也没有设立什么新的政府监督机构，委派什么押运官员。而是对原有的制度进行了一个简单的创新性修改，用好制度解决了一个原本很麻烦的问题。

对于制度的重要性这一问题，经济学家张五常曾经做过一个非常经典的比喻。他问，当有人把一个赤裸裸的美女放在你的床上，面对这样的诱惑，蠢蠢欲动的你会怎么办？假设条件是：①老婆不在家，不会被发现；②按照以往的经验，即便发现也不会怎么样。最后这位经济学怪才的回答是：如果是这样，那你还等什么？张五常说得很有道理，缺乏制度的约束，很少有人能经得住诱惑。

企业的规章制度，归纳起来，大体分为以下3类：

（1）基本制度。如董事会制度、股东会制度以及各类民主管理制度等。

（2）工作制度。即有关工作的制度，如计划管理工作制度、市场营销工作制度、生产管理制度、人力资源管理制度、物资供应管理制度、财务制度等。

（3）责任制度。这是规定企业内部各级组织、各类员工的工作范围、职责和权限等的制度。

由于经济学关于人性本懒惰自私的假设在商品经济社会里从提高管理效率的角度来说，是放之四海而皆准的。所以在任何企业里，都需要规章制度。一套好的规章制度是管好员工的保证，它胜过一切说教。

第二章

让制度说话
——制度才是企业的发展动力

为企业立规矩、定方圆

纪律，是企业团队文化的精髓，是一个团队在竞争激烈的环境里生存和作战的保障。一个富有战斗力的企业，必定有铁一般的纪律；一个合格的员工，也必定具有强烈的纪律观念。如果没有纪律，团队就会像一盘散沙，员工各自为战，企业就无法生存。

好的制度是非常重要的。有这样一个小故事：很久以前有5个和尚住在一起，他们每天都分食一大桶米汤。因为贫穷，每天的米汤都不够喝。一开始，5个人抓阄来决定谁分米汤，每天都是这样轮流。于是他们只有在自己分米汤那天才能吃饱。后来经过研究，他们推选出一位德高望重的人分米汤。然而好日子没过几天，在强权下，腐败产生了。其余4个人都想尽办法去讨好和贿赂分汤的人，最后几个人不仅还是饥一顿饱一顿，而且关系也变得很差。然后大家决定改变战略方针，监督分汤者，公平合理地分汤。但是，这样纠缠下来，所有人的汤喝到嘴里全是凉的。最后大家想出来一个方法：轮流分汤，不过分汤的人一定要等其他人都挑完后，喝最后一碗汤。这个方法非常好，为了不让自己吃到最少的，每人都尽量分得平均。这个方法执行后，大家又变得快快乐乐、和和气气，日子也越过越好了。

同样的5个人，不同的分配制度，就会产生不同的效果。所以一个单位如果工作效率低下，那一定存在机制问题。如何制定一个好的制度，是每个领导需要考虑的问题。

一个管理者，首先应该是规章制度的制定者。规章制度包括很多层面：财务制度、保密制度、纪律制度、奖惩制度、组织制度等。好的规章制度可以使被管理者既感觉到它的存在，又并不觉得束手束脚。

看看已经有百年历史的IBM、花旗银行、默克制药等讲规矩的企业，我们可以发现，有规矩的企业才有机会成为真正的百年老店。

现代企业家杰克·韦尔奇当年力推"六西格玛管理"，张瑞敏砸掉了不合格的冰箱，这其实都是在立规矩。规矩立起来了，大家就有了准则，有了行动的标杆。从更深的层次讲，企业之间的竞争实际上也是规矩之争，对制定规矩的企业领导者来说，谁能立起有效的规矩，谁的企业才能长久和伟大！

没有规矩，不成方圆。企业团队是人的组合，而每个人都有自己的思想和行为。但是在团队里，需要尽量避免个人主义的思想和行为，要求整体步调一致，所以纪律的约束不能缺少。因此，在每个企业建立之初，管理者首先要做的就是制定明确的纪律规范，为企业画出规矩方圆。

制度完善是管理规范化的必经之路

世界500强强在哪里？强在管理规范化。世界500强，诸如麦当劳、微软、花旗银行、IBM等等，家家都有管理操作规范文本。以麦当劳为例，其工人和服务员的操作规范文本摞起来有半人高，就是管理者的操作规范文本也厚达数千页。

由此可见，企业要想做大做强，就必须完善制度，走正规化管理的道路，这样，各项事务才能井然有序，信息沟通才快捷、高效，对市场环境的适应能力才强。是否建设和完善自身的制度，不是企业愿不愿意的问题，而是企业是否要发展的问题，是企业是否要增强竞争力的问题。

对企业而言，完善合理的制度具有重要意义：

1. 制度是企业赖以存在的体制基础

企业作为各种生产要素的组合体，实际上就是通过制度安排来组织各种生产要素进行生产，因而企业制度是对各种生产要素进行组合的纽带和基础。没有制度，就谈不上企业的存在，更谈不上企业的发展。

2. 制度是企业有序化运行的体制框架

企业要发展，就必须按照一定的程序运行。这一程序对企业运行要有约束作用，那么，约束企业运行的程序是什么？不是别的，就是制度。因此，制度实际上就是约束企业各种生产要素的行为和企业本身行为的一种准则。正是因为如此，企业的有序化发展需要良好的企业制度。

3. 制度是企业经营活动的体制保证

企业的所有经营活动，无论是生产经营活动，还是资本经营活动，都必须在一定的体制框架中进行，这种体制框架就是制度。可以说，没有合理的制度，企业经营活动就没有体制保障，从而根本无法高效地展开。

4. 制度是企业高效发展的活力源泉

企业的活力虽然来自许多方面，但主要是来自合理的制度。如果企业制度非常有利于调动企业中的各种生产要素的积极性，那么企业就是有活力的。反之，企业就是没有活力的。

5. 制度是企业发展壮大的必然选择

当企业发展到一定规模的时候，必然要求企业将其思想理念、决策措施、考评策略、调控体系，通过制度的方式固定下来，从而建立和实现自己的体系，去夺取规模化效益。

6. 制度是企业参与竞争的必要措施和手段

企业之间的竞争日益激烈，除物质基础、人力资源等硬件外，管理策略、思想、意志和精神等软件的重要载体可以说就是制度，也非常重要。迈克尔·波特在《竞争战略》一书中论述竞争策略时，对制度化也给予了严肃认真的论述分析。在今天日益激烈的竞争背景下，企业的制度化程度如何，是竞争力的直接体现。可以说，企业的物质基础、人力资源可以失而复得，但企业的制度化程度如果失去了及时发挥作用的机遇，带来的打击将是粉碎性的、破坏性的。从现代企业发展的实践经验上看，凡是有竞争力的企业，都在制度化上获得了先机，这是不容忽视、足可借鉴的宝贵经验。建立完善合理的制度可以大大提高企业的管理效率、决策与实施的速度，提高企业的竞争能力与生存能力。同时，合理的制度可以建立一支高效的企业团队，规范作业流程和员工行为，形成一个融洽、竞争、有序的工作环境。只有在这样的环境中，员工才能最大限度地发挥自己的潜能，实现工作效率最大化。

7. 制度是技术创新发展的基础

科学技术是生产力，是以市场经济体制已经存在为前提和基础的；离开了制度基础，科学技术对生产力发展的作用就无从谈起。中国古代的四大发明在当时可以算是高水平的科学技术了，但在制度缺失的条件下，并没有推动生产力飞速发展。

8. 制度可以把管理者从规则中解放出来

一个完善的制度像是一把锋利的刀，可以斩断一切纷扰。我们在前面讲过，完善的制度能使现代企业复杂的事务处理变得简单，企业管理者不再需要将大量宝贵时间耗费在处理常规事务中。这样，企业所有工作都处于一种有序的状态中，就使管理者有时间去做更重要的事。

9. 完善的制度有利于促进企业与国际接轨

"一切按制度办事"是企业制度化管理的根本宗旨。企业通过各种制度来规范组织成员的行为、处理各种事务，使企业的运行逐步趋于规范化和标准化。这些处事原则更加符合国际惯例，更加接近发达国家，有利于促进企业与国际接轨，顺利融入国际市场的竞争中。

10. 完善的制度更容易吸引优秀人才加盟

一方面，规范的制度本身就意味着需要有良好的信任作为支撑。在当今社会，具有良好信任支撑的企业在人才竞争中很容易获得优势。另一方面，规范的制度最大限度地体现了企业管理的公正性和公平性，人们普遍愿意在公平、公正的竞争环境下工作；同时，规范而诱人的激励制度也是企业打赢人才争夺战最为有力的武器。

11. 规范的企业规章制度有法律补充作用

企业的规章制度不仅是公司规范化、制度化管理的基础和重要手段，同时也是预防和解决劳动争端的重要依据。劳动关系中劳动者和用人单位属于从属关系，但是国家法律法规对企业管理的有关事项没有十分详尽的规定，而用人单位依法制定的规章制度在劳动管理中具有类似于法律的效力，因而用人单位合法的规章制度起到了补充法律的作用。

12. 完善的制度让企业发展壮大

现在，许多项目竞标都需要企业提供其规章制度，并将其作为考核企业是否合格的标准之一。另外，完善的企业制度还可以起到保护企业商业秘密及其他无形、有形财产的作用。

可见，完善的制度对现代企业有着十分重要的意义和作用。运用好制度这个工具，努力推进制度化建设，才能够让企业发展壮大，成为真正意义上的现代化和国际化企业。

组织架构是制定制度的重中之重

组织架构是企业赖以存在的骨架，是制定其他制度的基础，也是命令得以传布的渠道。任何企业的建立，首先面临的是组织架构的建立。

建立一个完整的组织架构本身即为一种管理程序，是任何有效的管理制度中不可或缺的一环。

建立一个什么样的组织（集团）？怎样建设这个组织？前一个问题，是讲这个组织的性质；后一个问题，是讲用什么样的制度保证这个组织目标的实现。所以，研究企业制度，不能不研究企业的组织架构问题。适当的组织架构不仅是企业长青的基础，也是企业壮大的基础。

组织架构究竟是什么？组织架构是一种基本的管理程序，也可以说是一种规划程序。组织架构的建立包括下列步骤：首先，决定为了执行计划，必须实施哪些工作或活动，那些应做的事或应执行的任务，即为职务。然后，将这些活动分成各种职位，以便分派给各个员工，成为他们的职责。接着授予每个职位职权，使居于该职位的人可各行其责，或命令他人执行。随后，决定各职位间的职权关系，即决定谁该向谁汇报，以及身居各职位的人拥有何种职权，如此可确保大家辨明隶属关系，以及各人的职权种类与范围。最后应该决定，胜任各个职位，必须具备的资格。

组织制度一般有以下几种形式：

1. 直线型组织制度

直线型组织制度是最早、最简单的一种组织制度形式。这种组织制度把职务按垂直系统直线排列，各级管理者对所属下级拥有直接职权，组织中每一个人只能向一个直接上级报告，即"一个人，一个头儿"。它的优点是：各级领导对下属单位而言是唯一的行政负责人，保证了统一的领导和指挥，各职能部门对下一级组织在业务上负有指导的权力和责任，这样能充分发挥各职能部门的积极作用，让其直接参与管理和领导。但这种组织方式也有不足，如各职能部门在某一下级单位开展工作时，发生的矛盾和冲突无法自己解决。

2. 职能型组织制度

这种组织制度内部除了直线管理者外，还相应设立了一些组织机构，分担某些职能。这些职能机构有权在自己的业务范围内，向下级下达命令和指示。下级直线管理者除了接受上级直线管理者的制度管理外，还必须接受上级其他职能机构的制度管理。

3. 直线参谋型组织制度

直线参谋型组织制度结合了以上两种组织形式的优点，设置了两套系统。一套是按命令统一原则组织的指挥系统，另一套是按专业化原则组织的制度管理职能系统。直线部门和人员在自己的职责范围内有决定权，对其所属下级的工作实行指挥和命令，并负全部责任，而职能部门和人员仅是直线管理者的参谋，只能对下级机构提供建议和业务指导，没有指挥和命令的权力。

4. 直线职能参谋型组织制度

它结合了直线参谋型组织制度和职能型组织制度的优点，在坚持直线指挥的前提下，充分发挥职能部门的作用，直线管理者在某些特殊任务上授予某些职能部门一定的权力，例如决策权、协调权、控制权等。

5. 事业部制组织制度

事业部制组织制度是指在总公司制度管理下设立多个事业部，各事业部有各自独立的产品和市场，实行独立核算，在经营制度管理上拥有自主性和独立性。这种组织制度的特点是"集中决策，分散经营"，即总公司集中决策，事业部独立经营。

6. 矩阵型组织制度

把按职能划分的部门和按产品（项目或服务等）划分的部门结合起来组成一个矩阵，使同一员工既与职能部门保持制度管理与业务上的联系，又参加产品或项目小组的工作。为了完成一定的制度管理目标，每个小组都设负责人，在组织最高领导的直接管理下工作。

7. 多维立体型组织制度

多维立体型组织制度是矩阵组织制度和事业部组织制度的综合体。其中按产品（项目或服务）划分的部门（事业部）是产品利润中心，按职能（如市场研究、生产、技术、质量制度管理等）划分的专业参谋机构是职能的利润中心，按地区划分的制度管理机构是地区利润中心。

8. 多种标准的综合应用

若深究每个成功大型公司的团队系统，会发现上述几种组织形式分别应用于不同的管理层面，而中小型的公司，也可能使用两种或三种组织形式。所以硬把公司团队组织形式划分为单纯的"直线型"或"职能型"，并不能反映实际情况，顶多只能说明某一层次或某一公司的主要标准而已。

比如，有些公司，老板之下就是一级部门（有的公司，老板与一级经理间，还设有副手或协理），设立一级经理的主要目的，在于帮助老板以"分工"及"专门化"的优点完成公司的目标。在一级部门之下，再依实际需要，分设二级、三级部门，以至最基本的个别作业人员（或称"技术"人员，以区别于各级"管理"人员的职责）。

事实上，有的公司用公司"机能"来分一级部门，用"地区"来分二级行销部门，用"产品"来分二级生产部门；再用"过程"来分三级某些生产部门，用"机能"来分三级行销、财务、总务及其他部门。

类似这种组织制度，综合运用了前述几种组织形式，根本无法归类为某一种形式的团队结构，不妨称之为结合式。

事实上，除规模极小的公司外，很少有公司只采用一种组织形式。所以，当设计组织结构时，要根据公司需要，不可只重其外形不重其实质。

实现制度化管理的步骤

实现制度化管理，是现代企业的发展趋势，也是企业提升自身管理水平与竞争力的必由之路。但同时我们也应该认识到，制度化管理的实现不是一蹴而就的，制度的建设与实施是一个循序渐进的系统工程，需要稳步推动。那么，企业该如何进行制度化建设和管理呢？

1. 确定企业的"根本大法"

企业要有类似于国家宪法的"根本大法"，对制度进行指导和制约，其他制度一旦与它冲突都应该宣布无效。

制度都是由人来制定的，在很多时候，一旦管理层发生变动，制度也往往会跟着变。但是如果有"根本大法"的制约，要改就难得多了。成熟的企业应该有一个章程来明确哪些规定应该由谁来制定，由谁来审查，由谁来通过；如果修改，应该是什么程序等等问题。制定这样一个"根本大法"以后，"朝令夕改"就没有那么容易了。

2. 确立制定一般规章制度的程序

制度是否能达到预期目的，在一定程度上取决于制定制度的程序是否民主化，制定者是否具有务实精神。一般情况下，制度的制定过程应当充分体现制定者或企业的民主意识和务实精神，这就需要制定规章制度时必须遵循这样一个过程：调查——分析——起草——讨论——修改——会签——审定——试行——修订——全面推行。这就是说，规章制度的制定要经过充分调查，认真研究，才能起草。草稿形成以后，要发到有关职能部门反复讨论，缜密修改。经过有关会议审定后，小范围试行，并对试行中暴露的问题，认真进行修订。其中，重要的规章制度还要提请董事会、党委会或职代会通过，再报上级管理部门批准。只有遵循上述基本程序，所制定的管理制度才能切合实际，才能在管理过程中达到预期效果。

3. 确定参与制定规章制度的人员

在许多企业里，规章制度绝大多数都是由几个高层领导来制定的，甚至具体到某一业务标准也是由他们制定的。这种现象似乎已成为一种惯例，但高层领导可能对现场作业流程并不了解。

因此，需要从企业中抽调一些不同部门、不同层次的人参与制定规章制度，并选定将来执行规章制度操作管理的人，共同参与其中，必要时还可请管理咨询专家和企业同仁共同设计。这样制定的规章制度就比较规范且具有可操作性。

4. 确定规章制度的内容

不同的企业因其生产性质和行业背景不同，规章制度的内容也应有所不同。但是，如果企业的规章制度是符合当今时代发展潮流的，其中就必然包括结合企业自身实际情况的内容，主要包括：企业的民主管理制度；集中管理与分散经营相结合，即集权与分权相结合的运行机制；以参与国际竞争、占领国际市场为目标的经营战略体系；企业的文化生活制度；配套的营销管理、产品研究与开发管理、生产管理、财务管理、人力资源管理等具体制度。

5. 有专门的部门负责企业制度的管理工作

这个部门的具体职能是：在制定制度时负责各个部门制度的协调；对企业的制度进行汇编；发现新旧制度有冲突时要及时废止旧制度，确保新制度的执行。

6. 制度制定完毕要进行培训

制度制定出来后，要进行广泛的宣传，让每一个员工熟知制度的内容。尤其是对新员工，公司制度应成为他们学习的第一课，也是必修课。应加强制度的学习与教育，把制度约束与员工的自我约束有机地结合起来。企业应建立员工手册，将企业的制度收编进去，不仅可以方便老员工，也可以确保新进员工尽快适应企业制度，进入工作状态。

健全的制度应具备的主要特征

健全的制度对任何组织而言都非常重要。社会的发展是如此，企业要生存、要发展，也离不开好的制度。

那么，什么才是健全的制度？它应该具有哪些特征呢？

1. 利益相关性

好制度着眼于将目标与执行者的切身利益最大限度地结合在一起，利用人的理性和趋利避害的本性去制约人的弱点，以制度规范管理体系为基本，谋求制度化与人性、制度化与活力的平衡。当员工认识到制度是在保护自己的利益时，就会积极地维护制度，愿意为制度付出；即使违反了制度也非常明确自己将会受到怎样的惩罚。这样，就实现了制度约束与员工自我约束的有机结合，充分激发员工的自我管理意识，引导员工主动地服从，愉快地付出，创造性地工作。

2. 权威性

好制度必须体现至高无上的权威性。任何个人、任何组织都必须服从制度。必须坚持制度面前人人平等，违反者必须接受制度的惩罚，就算他们是为了组织或团体的利益，亦不例外。好制度就是高压线，它的威慑力，使生产经营活动有条不紊地进行，使复杂的管理工作有法可依，有章可循，使企业万千之众步调一致。

3.公平性

好制度不因性别、年龄、学历、人情、背景和种族的不同而不同，只因效率高低决定贡献大小，以防止有人不劳而获。

4.具体性

好制度对员工在什么岗位上要做什么都规定得很清楚，能够清楚地指导员工趋利避害，限制员工的主观随意性、做事的隐蔽性，加强相互监督，保证企业正常有序发展。

5.可操作性

好制度定位准确，与企业自身的情况和员工现有的接受能力及素质水平相匹配，使大多数员工不至于因达不到要求而失去信心，也不至于因标准过低而产生懈怠心理。

6.简明性

好制度表述简明扼要，使执行者一看便知道怎么执行，员工一看便明白如何遵守。因此，我们在制定制度时要防止行文过于复杂，避免意思表达含糊。

7.严密性

好制度应当在出台前充分考虑在实施过程中可能遇到的各种情况与因素，尽量做到措辞严密，无懈可击。

8. 预防性

建立制度的目的不仅仅是"纠错",更是为了"预防":预防其他企业曾经的教训,预防可能发生的错误和可能造成的损失。制度一旦建立,必须力求完整全面。对于可能发生的事情,必须提前想到并做出相应的应对措施,如果等到员工发生不合理的行为后再作出规定,那是不公平的,而且也是很没有效率的制度。

9. 超前性

好制度不应拘于现状,而应适度超前,向行业先进企业、标杆企业看齐,既满足企业未来发展战略的需求和未来一定时期市场竞争的需求,又充分兼顾企业的现实状况。

10. 导向性

好制度是企业经营管理理念的体现,经营管理理念必须渗透到制度中。但是,许多企业的制度在"体现与渗透"方面做得不好,甚至出现制度与理念相互矛盾的情况。例如,绩效管理的导向是促进绩效目标的完成。如果在设计KPI(关键绩效指标法)指标时,权重设计不合理(重要指标的权重低,非重要指标的权重高),就有可能使被考核人投入很大精力去完成非重要工作,而重要工作却被忽视了。

事易时移，变法创新

许多成功的企业，都将自己的成功归因于拥有成熟的制度模式。所以，在竞争局面发生变化的情况下，有些企业的管理者依然信心满满，从不怀疑和否定原有制度继续存在的价值。然而由于墨守成规，造就企业昔日辉煌的制度慢慢蜕变为企业谋求生存道路上的障碍，成为可怕的组织惯性。

有一个关于猩猩的试验能够形象地说明这一问题。研究者把3只猩猩关进一个大笼子里，然后在笼子中间吊上一根香蕉。但是只要有猩猩伸手去拿香蕉，研究者就拿高压水枪去喷它们，直到所有的猩猩都不敢再去够那根香蕉为止。接下来，研究者用1只新猩猩替换出笼子中的1只猩猩。新来的猩猩并不知道笼中的"规矩"，所以一进去就伸手拿香蕉。它的这种行为是不符合笼中规则的，于是另外2只"老"猩猩就对它进行了严厉的惩治，直到它屈从为止。原本该由研究者实施的惩罚任务，现在竟然由2只老猩猩"亲自"执行了。

研究者用同样的方法，不断用新猩猩将经历过高压水枪惩戒的老猩猩换出来，直到笼子中的猩猩都是后进入者，但是它们同样对那根香蕉心存畏惧。研究表明，高压水枪威慑出的"组织惯性"束缚着每一只进入笼子的猩猩，使它们将本是腹中美餐的香蕉束之高阁。

这个试验形象地揭示了组织惯性的形成过程。在风云变幻的市场竞争环境中，企业要想赢得优势，就必须随着时代的发展变化迅速调整制度，否则就只能像试验中的猩猩一样，因一时的挫折故步自封，错失获得成功的大好机会。企业的衰退并不是它面对变故束手无策，而是它所采取的行动已经不能顺应时代了。

企业确定了其经营管理模式后，企业成员就会在实践中熟悉这套模式，并逐渐习惯运用这套程序去解决问题，之后，管理者与员工就很少再去思考这些方法是否依然合理有效了。

曾有一家大型公司准备招聘，计划招聘25名新员工。招聘制度明确规定，只有笔试考试成绩在前25名的应聘者才有资格被录取。有一个候选人，人品和性格都很好，并且拥有丰富的关系资源，这些关系资源能给公司发展新业务提供很多机会。但是他的考试成绩并不理想，排在第26名。面对这种情况，人事部门很困惑：是录取他，还是放弃他？公司领导权衡再三，最后还是决定忍痛割爱。原因只有一个：公司的招聘制度不能违反！

该公司的行为引起社会上很多人士的质疑，什么才是公司"铁的纪律"？铁的纪律至少应该具备两个基本条件：首先是制度的时效性，就是说该制度必须符合企业与时俱进的发展要求，符合企业应对同业竞争的市场现状；其次是制度的前瞻性，公司的制度在时效性的基础上，更要能够引领企业走在其他企业前面，顺应时代潮流的发展方向。

可以说，时效性、前瞻性是企业制度缺一不可的两大特质，是其生命的根基。为了使企业真正拥有"铁的纪律"，领导者就必须对所有丧失时效性和前瞻性的规章制度及时进行全面的梳理、修订，这样才能使企业朝着先进、科学的方向发展。

如何摆脱人情化管理，转向制度化管理

一部《亮剑》让人们记住了李云龙及他的团队，而面对团队，李云龙说过这样一句话："一支部队的风格深受首任长官作风的影响，无论今后如何变迁，部队的精神仍在。"

这句话在企业管理中同样适用。一个企业的性格往往由企业最高管理者的性格决定，一个团队的性格也往往受到团队主管的影响。随着时间的推移，这些影响会逐渐形成一种独特的企业风格。这种风格最外在的表现形式就是公司的企业文化氛围、做事方式和规章制度的执行情况。

情感化管理和人情化管理是两个概念，其本质的区别在于：情感化管理是以情动人、以情感人、以情励人；而人情化管理是

"见人下菜碟"的人治。因此，企业要以情感化的柔性管理方式进行管理，但切记不要陷入"人情化"的陷阱。

很多管理者都有这样的体验，对于自己的下属，在人情秤上总会有所偏重，这与个人的喜好有直接的关系。但工作和生活的不同在于，如果你一味按照自己的喜好进行管理，将永远不可能得到一支具有凝聚力的团队。

如何才能打造一支高效强大的团队？答案是，从人情化走向制度化管理，建立统一的制度与标准，并从最高管理者开始，严格执行。

人情化管理的模式与现代企业制度是完全冲突的，凭感觉办事是企业管理的一大误区。人情化管理模式忽略了管理的严肃性，让管理者一开始就丧失了管理的主动权，让管理失去刚性约束力。这样做导致的直接后果就是企业发展滞缓甚至走下坡路，在激烈的竞争中失去优势。

如果企业中每个人都将人情作为判断事务的标准，企业将永远没有出路。正所谓，企业讲人情，制度无权威，员工就会随意，企业必然效益低下。

如果不能摆脱手工作坊式的管理模式，走出以人情为企业管理最大筹码的误区，建立正规化管理，企业竞争力将无从谈起。

设计群体运行机制的学问

　　善于领导的企业管理者总是能够制定出一套简洁、高效的群体运行机制。"我一直觉得一个企业最强的不是它的技术，制度才是决定你这个企业所有活动的基础。有没有完善的制度，对一个企业来说不是好和坏之分，而是成和败之分。没有制度是一定要败的。"远大集团董事长张跃如此评价制度的重要性。

　　在张跃眼中，企业是由员工组成的，因此，企业运营的每一个活动都是可以无限细分到每一个员工的每一个动作上的，因此对每一个个体细节动作的程序化和标准化就显得异常重要。群体运行机制的好处是降低了管理的成本，提高了效率。更重要的是，通过标准化的运行机制，能够最大限度地减小企业任务执行过程中因随意性而造成的损耗和失误。

　　在远大，群体运行机制建设得非常完善。远大的制度化文件涉及了每个远大人的工作、生活和行为规范。每个员工在企业里的每一项活动都可以找到相应的表格来指导执行。在车间有工位告示牌，告诉你工作流程、你所担负的责任、你需要完成的任务；在宿舍有环境及生活告示牌，告诉你清洁、用电和作息时间；如果你要出差，有相应的表格告诉你该带什么东西，该做什么，该汇报什么。由于文件分类清晰、条款分明，任何人打开电脑或翻阅目录，只需极少时间就可查到所需的文件内容。这种标准化运行机制的建设，为远大带来的直接效益就是大大提升了企业的运行效率。

在通用电气公司内部，有一种会议模式特别受推崇，这种会议模式被称为"快速市场智能"（英文缩写"QMI"）。这种电话会议使通用公司的管理层发现了同步交流的价值。由于公司的主管在全球分布很广，经理人不能很频繁地参加面对面的会议。QMI通过视频和电话让他们聚到一起，遍布全球各分公司的大约50个人就可以进行一次对话。通用公司规定，这种电话会议每两个星期举办一次。

这种机制使所有QMI的参加者，不管是何种阶层，不论身在何方，都能够及时了解到在顾客、竞争对手身上以及全球技术方面到底发生了什么。这种模式为通用公司带来了更高的效率。因为是电话会议，全球同步进行，这就要求与会者必须考虑以下几个问题：讨论的问题必须要独特而且简单，能在2分钟内回答上来；所有的参加者必须有勇气作出贡献；为了不让人们失去兴趣，会议要简短；会议过程中要对信息进行处理，最后要作出总结。QMI在公司内部获得了成效，它使公司的高层管理者不再为举办全球会议发愁，很多难度很大的事情都能够在这种会议上被轻松解决。

作为企业管理者，如何设计出完善的群体运行机制？这需要从多方面入手。首先要结合企业文化。这是因为制度保障下的群体运行机制是灌输和贯彻企业文化的一条重要渠道。其次要与企业发展阶段相适应。在不同的发展阶段，企业会面临不同的阶段性任务，就不可避免地要应对不同的问题。运行机制此时的作用就是保障企业在这个阶段的运营，圆满完成阶段性任务。再次要与企业资源相适应。运行机制的功能之一就是不断促进企业资源的完善，而不是无谓消耗资源。最后是要充分考虑到市场因素。运行机制在这里的任务就是充分保障企业目标的顺利实施，这就要求企业管理者眼睛要盯到市场上去，让市场成为运行机制设计真正的导师。

企业管理者在设计群体运行机制的过程中，一定要有服务于员工的理念，并尽可能要求员工参与进来，发动所有员工对制度的建设献计献策，共同制定。设计的制度要有罚有奖，及时更新，制度不能是死东西，否则最终只能变为形式主义。

若没有制度，企业管理只是纸上谈兵

制度是企业管理的基础和保证。因此，制度一旦制定就必须严格遵守，否则企业就会成为一盘散沙，难以生存。更重要的是，制度一旦制定，任何人都要严格执行，没有例外。

1946年，日本战败后，松下公司面临极大困境。为了渡过难关，松下幸之助定下严格的考勤制度，要求全体员工不迟到、不请假。

　　然而不久，松下本人却迟到了10分钟。本来，松下上下班都是由公司的汽车接送的，当天，他早早赶往车站等车，可是左等右等，却不见车来。看看时间差不多了，他只好乘上电车。刚上电车，就看到了公司的车到达，便又从电车下来换乘汽车。由于耽误了时间，他到达时整整迟到了10分钟！事件原因是司机班的主管督促不力，司机睡过了头，所以晚接了松下10分钟。

　　按照制度规定，迟到是要受批评、处罚的，松下认为必须严厉处理此事。

　　他首先以不忠于职守的理由，给司机以减薪的处分。其直接主管、间接主管，也因监督不力受到处分，为此他共处分了8个人。

　　此外，松下认为对此事负最后责任的，还是作为最高领导的社长——他自己，于是对自己实行了最重的处罚，退还了全月的薪金。

　　仅仅迟到了10分钟，就处分了这么多人，连自己也不放过，此事深刻地教育了松下公司的全体员工，在日本企业界也引起了很大震动。

　　企业管理必须做到有制度可依，同时做到有制度必依。制度的制定不是给人看的，而是让人遵守的。制度一旦制定，任何组织中的成员，都必须受到它的约束，这样才能发挥制度的作用。

制度不仅仅让员工的行为有了底线规范，更让管理变得简单、公正。因此，管理者要做好制度的建立者，更要做好制度的守护者与执行者，确保制度的执行对企业经营起到持续的正面作用。管理者在制定及执行制度的过程中要遵守3个原则：

（1）要保证制度的严肃性和连续性。"朝令夕改"会使制度失去效力，流于形式，因此一个好的企业制度，要保证不因企业管理者的改变而改变，不因管理者与被管理者关系的亲疏而改变。

（2）制度要随客观环境的变化而不断改进、修订和完善。制度不可能一成不变，必须与时俱进。

（3）所有制度必须依据人的本性制定，便于执行。企业的制度要尽可能少，制度越少，员工重视的程度就越高。制度要简单易懂，要对每一条款都进行解释，以免造成误解，要尽可能让员工参与制度的制定。

简化管理层次是优化管理的核心

原MCI电信公司总裁麦高文每隔半年便召集新聘用的经理开一次会，在会议上他总会说："我知道你们当中有些人从商学院毕业，而且已经开始在绘制组织机构一览表，还为各种工作程序撰写了指导手册。我一旦发现谁这么干，就立即把他解雇。"

每次开会的时候，麦高文都会明确表达这样一种观点：每一位员工包括高级管理人员都不要为了工作而相互制造更多的工作。恰恰相反，他会鼓励每一个人对每一个工作岗位及每个管理层次提出质疑，看看它是不是真的有设立的必要。比如，两个管理层次是否可以合并？每个职务的价值是否超过它的费用？这个职位的存在是否是在制造不需要的工作，而不是对生产有益？如果回答为"是"，那就合并或精简它。

麦高文深深懂得一个道理，那就是公司每增加一个管理层，实际上就是把处在最底层的人员与处在最高层的人员之间的交流又人为地隔开了一层，所以MCI公司力求避免这种情况。由于精简了管理层次，MCI公司上上下下沟通畅捷、有效，每个人都在努力地做最有价值的工作，因而整个公司变得富有生气，公司的效率大大提高。

其实，不仅仅是MCI公司，其他一些管理完善、极富效率的优秀公司也都曾为此作出努力，它们的特点大都是人员精干、管理层次少。比如，埃默森公司、施伦伯格公司、达纳公司的年营业额都在3~6亿美元，而每个公司总部的员工都不超过100人。这些公司都明白，只要安排得当，5个层次的管理当然要比15个层次的管理要好。

简化管理层次，鼓励人们减少不必要的工作，实际上是优化管理的核心。一般来讲，企业规模越大，管理层次越多；在业务一定的情况下，管理层次越多，所需人员越多，企业运行成本越高。所以，在企业能正常行使其管理职能的前提下，管理层次越少越好。管理层次减少表现为一种扁平化组织结构，这种结构的优越性主要体现在以下4个方面：

1. 有利于决策和管理效率的提高

减少管理层次，会使高层领导和管理人员的指导与沟通相对紧密，工作视野比较宽广、直观，容易把握市场经营机会，使管理决策快速准确。

2. 有利于精简组织体制

减少管理层次必然要精简机构，特别是一些不适应市场要求、能被计算机简化或替代的部门与岗位。

3. 有利于管理人才的培养

管理层次减少，一般管理人员的业务权限和责任必然放大，可以调动下属的工作积极性、主动性和创造性，增强使命感和责任感；也有利于培养下属独立自主开展工作的能力，造就一大批管理人才。

4. 有利于节约管理费用

管理层次减少，人员精简，加上发挥计算机的辅助与替代功能，实现办公无纸化、信息传输与处理网络化，可以大幅减少办公及其他管理费用。

第三章

制度设计的诀窍
——不可不知的金牌定律

"热炉定律"：规章制度面前人人平等

当人用手去碰烧热的火炉时，就会受到"烫"的惩罚。这就是著名的"热炉法则"。

三国时诸葛亮挥泪斩马谡的故事就是"热炉法则"的应用。马谡是诸葛亮的一员爱将。诸葛亮在与司马懿对战街亭时，马谡自告奋勇要镇守街亭。诸葛亮虽然很赏识他，但知道他做事未免轻率，因而不敢轻易答应他的请求。但马谡表示愿立军令状，诸葛亮只好同意给他这个机会，并指派王平将军随行，还交代马谡在安营扎寨后须立刻回报，有事要与王平商量，马谡一一答应。可是军队到了街亭，马谡执意在山上扎营，完全不听王平的建议，也没有遵守约定将安营的阵图送回本部。司马懿派兵进攻街亭时，在山下切断了马谡驻军的粮食及水的供应，使马谡兵败如山倒，蜀国的重要据点街亭因而失守。面对爱将的重大错误，诸葛亮没有姑息，而是马上挥泪将其处斩了。

诸葛亮不因为是自己的爱将就网开一面，保证了惩罚的平等性；事前预立军令状，做到了预防性；撤军后马上执行斩刑，体现了即时性。正是因为能做到这些，才使蜀国在实力最弱的情况下存活了那么长时间，军队也保持了长久的战斗力。

组织制定的所有制度、标准、规范都是为了执行，如果不执行，再好的制度也只不过是废纸一张，甚至比没有制度的危害性更大。怎样才能严格执行制度呢？那就是运用"热炉法则"。"热炉法则"形象地向我们阐述了执行制度时的惩处原则：

第一是热炉火红，不用手去摸也知道炉子是热的，会灼伤人的预防性原则。这就要求领导者要经常对下属进行规章制度教育，警告或劝诫下属不要触犯规章制度，否则会受到惩处。

第二是每当你碰到热炉，肯定会被灼伤的必然性原则。只要触犯规章制度，就一定会受到惩处。

第三是当你碰到热炉时，立即就被灼伤的即时性原则。惩处必须在错误行为发生后立即进行，绝不拖泥带水，绝不能有时间差，以便达到及时改正错误的目的。

第四是不管谁碰到热炉，都会被灼伤的公平性原则。对公平的追求来源于人类的天性，只有公平的制度才可能得到大家的认可及拥护。

第五是不管在任何时候碰到热炉，都会被灼伤的有效性原则。制度明确规定了员工该做什么，不该做什么，就好像是标明了在哪里有"热炉"，一旦碰上它，就一定会受到惩罚。

海尔集团有个规定，所有员工走路都必须靠右行，在离开座位时需将椅子推进桌洞里，否则，都将被罚款。在实践中，海尔就是这样做的。在奥克斯集团的各项纪律中，有一项是开会时不得有手机铃声，若违反，每次铃声罚款50元。在奥克斯集团内，无论大会小会，都不会受手机铃声的干扰，即使是刚进奥克斯的新人也知道必须遵守这样的纪律，绝不触犯。

这些企业之所以做这样的规定，无非是希望全体员工形成一种强烈的观念：制度和纪律是一个不可触摸的"热炉"。只有这样，才能做到令行禁止、不徇私情，真正实现"热炉法则"。

在运用"热炉法则"的同时，我们也应看到"热炉法则"的缺陷。惩罚毕竟是手段而不是目的，使用过滥就会适得其反。犯错误的载体是人，是有血、有肉、有思想、有情感的，在达到处罚目的的同时，要充分考虑受罚员工的想法和承受能力，对不同的员工应采取相应的方法与对策。从而达到通过处罚教育员工、规范行为、促进发展的目的。并从技能培训、企业文化建设和建立科学的奖惩机制入手，使员工心悦诚服、勇于认错。这样的话，热炉给员工的就不仅仅是烫，还会有温暖的感觉。

手表定律：标准应该是唯一的

只有一只手表，可以知道是几点；拥有两只或两只以上的手表，却无法确定是几点。两只手表并不能告诉你更准确的时间，反而会让你失去对准确时间的信心。这个"手表定律"给我们这样一个启示：对一个企业来说，不能同时采用两套管理方法，不能同时设置两个目标，否则企业将无所适从。

这就好比如果只有一块表，即使显示的时间是错的（他可能并不知道是错的），他也只能按这个时间做事。但是如果你给他两块表，时间又不一样，他就无法确定哪一块显示的是正确时间了，但这是给他表的人（标准制定人）的错。这就像在赛跑时，只能规定一个目的地，这样我们才能判定谁取得了最终胜利，如果我们设了两个目的地，那就不能责怪选手，一定是比赛组织者的错。

没有判别正误的标准就会陷入两难境地。说两块表显示的不同时间都是正确的，这应该是不成立的，一定有一个时间是错的，但是如何判定哪一块表的时间是错误的，就需要第三块、第四块表来验证或找报时台来确认了，那就会令看表的人陷入困惑。

所以在同一个时区一定只有一种时间是正确的，在同一个公司同一个时期也只能有一个标准，否则执行者就会陷入两难选择。当这种情况发生时，必须有一个仲裁部门或职位，做出正确的裁决，以避免发生执行人不知该如何执行的情况。

因此，一个企业组织不应该出台两个相互矛盾的标准，除非他是处于标准制定的前期，或还在征求意见的阶段，就像拿出两块表比较一下，需要验证哪一块表的时间更准确，制度标准也需要比较验证看是否合理、准确、实用，最后一定只能留下一套制度或标准。所以常规情况下是不会有两种标准同时存在的。

有时会出现因为时势的改变出台新的标准，但旧标准还没来得及废止的情况，这种情况下，公司决策层一定要明确在过渡期应该怎样执行。

同样，一个组织不能由两个以上的人同时指挥，如果指挥的方向不一致，就会使这个组织无法正常运转。

拿破仑说：宁愿要一个平庸的将军带领一支军队，也不要两个天才的将军同时领导一支军队。当然，如果这两个领导是同声同气的，倒是没问题，但一个人就可以做的事偏要安排两个人，这是对人员的一种浪费。

一个组织是否可以采用两种不同的管理方法，这就牵涉到一个很复杂的问题。一把钥匙开一把锁，那面对组织内的各种职能部门、个性各异的人员是不是该采用不同的管理办法呢？这个问题要分开来看，对于制度层面上的管理工作应该一视同仁，比如考勤制度，规定所有员工8：30上班，财务部和人事部都不例外，但是对于市场部就不能一刀切了，我们也知道外勤人员有时出差，可能半夜才到家，你就不能强求人家第二天准时上班，这就要有一定的弹性，但是这属于特殊管理，而不是双重标准。双重标准是指针对同一个问题采用不同标准，就比如两个业务员都是出差，到深夜2点才回家，第二天都是10点才到公司报道，你不能一个不算迟到，而另一个算迟到，否则就是标准不一了。

综上所述，"手表定律"给我们的启示如下：

第一，制定出的目标一定要明确。

第二，绩效考核时一定要按照既定的绩效目标来进行，千万不能临时随意变更，否则，很容易让员工对公司的大政方针产生疑惑，进而对公司失去信心。

第三，管理制度一定是对事不对人，要"制度面前人人平等"。

第四，在管理运作方面，一定要遵守"一个上级的原则"，否则必然会引起混乱。

由此可见，规律是死的，但事情是千变万化的，执行人一定要根据不同的情况灵活运用，而不能一味生搬硬套。

路径依赖定律：惯性可以是动力也可以是束缚

一旦人们做了某种选择，就好比走上了一条不归路，惯性的力量会使这一选择不断自我强化，并让你不能轻易走出去，要想让人生走向美好，就应培养一生的好习惯。这就是道格拉斯·诺斯的"路径依赖"理论。

他认为，事物一旦进入某一路径，就可能对这种路径产生依赖。这种依赖导致的结果是：人们一旦选择某一路径，就会在以后的发展中不断自我强化。

"路径依赖"理论得到了人们的广泛应用。在一定程度上，人们的选择都会受到"路径依赖"的影响，人们过去的选择决定了他们现在可能的选择，现在的选择决定了将来可能的选择。这一理论可以解释人们一切关于习惯的问题。

　　正所谓："历史上某一时间已经发生的事件将影响其后发生的一系列事件。"人们过去做出的选择决定了他们现在及未来可能的选择。好的路径会起到正反馈的作用，通过惯性和冲力，产生飞轮效应而进入良性循环；不好的路径则会起到负反馈的作用，可能会被锁定在某种低层次状态下。

　　对组织来说，一种制度形成以后，就会形成某种既得利益的压力集团。他们对现存路径有着强烈的依赖，他们力求巩固现有制度，阻碍选择新的路径，哪怕新的体制更有效率。对个人来说，一旦做出某种选择后，就会在原有的道路上不断投入各种资源。直到某天发现自己选择的道路对自己没有价值时，才会做出新的选择。也就是这时，你才发现前期的巨大投入可能会因为重新选择而变得一文不值。对任何人来说，这都是一笔很大的损失。

　　当然，"路径依赖"现象并不是百分百地发生，它只是告诉人们：一旦踏上某条道路，就很难再重新选择，因为重新选择的成本太高。但当你真的发现某种选择不再适合自己的工作、不再适合自己的事业时，最好还是跳出"路径依赖"的思维模式，勇敢地走出来。

同样，企业实施管理改革的过程中遭遇阻力的原因是多种多样的。要想打破这种"路径依赖"，就要正本清源，从根本上改变原有的企业格局，引进新的制度或者是改变企业原有的制度，使之能够与实施管理的技术相适应。这个过程中，必须有企业的高层领导最好是"一把手"的参与，形成自上而下的改革方案，而且在实施过程中要注意改造原有企业文化中不相适应的部分，提高企业员工的素质，把员工培养成学习型的人才，只有这样，才能够使企业实施管理的过程更加快捷，企业实行管理的成功率不断提高。

杰拉德法则：设计出好的制度

1993年，洪水、混乱、环境整顿等带来的保险赔偿，困扰着辛格纳财产与意外保险公司，使其濒临破产。1990～1993年间，辛格纳公司的赤字高达10亿美元。1992年，反映公司正常与否的关键综合系数升至140%，这意味着，公司每获得1美元的收入，要付出1.4美元的代价。

公司的高层因此召开了数次会议，商讨解决问题的有效方法，但是都没有达成共识。一次，总裁杰拉德提出了一个重整公司的方案：将辛格纳公司由一个普通的保险公司变为一个专业保险公司——这是一次制度上的根本变革。如变革成功，辛格纳公司只要精心选择市场收取保费，公司便有钱可赚。

但是，这一方案的最大困难在于，如何在这个资产达16亿美元的公司推行专业化服务。杰拉德从4个方面在内部推行自己的战略。

首先，他清楚地向人们阐述了自己的战略。

其次，在整个企业组织贯彻战略。他要求公司的几个分公司及其下属的几十个单位建立各自的记分卡。

再次，将记分卡与报酬统一起来。为此，辛格纳公司推出了一个别具一格的奖金计划。每年初，员工都会收到一定份额的"职位股份"，数量多少取决于他们职位的高低。在一年中，主管可以视业绩再奖励员工"业绩股份"。所有股份每股面值均为10美元。到兑现时，辛格纳再根据记分卡的业绩调整股份价值。

最后，辛格纳公司还用其记分卡不断获得反馈信息。高层可以用电脑化反馈系统检查目前的结果：那些已经达到高层管理者目标的显示为绿色，没达到的为红色，处于边缘地带的则为黄色。这种对业绩数据的监控，使管理者可以随时采取措施，让公司的战略走上正轨，或者改变不奏效的战略。

辛格纳公司的改革获得了成功，明显地改善了公司的绩效，提高了员工的工作效率。

杰拉德认为，效率决定一切。他指出，当一个企业存在严重的制度障碍，进而影响公司战略的继续实施，甚至让公司运作变得低效时，必须加以改变。一个不具有战略优势的企业，并不是企业作出了错误的战略，也不是管理者的工作效能低下，而是制度束缚了效率。

企业管理，离不开一个环节，那就是制度设计和制度创新。这一环节抓得好，管理绩效将会成倍提高。

制度设计的前提之一就是保证公平性。我们前面提到的分粥效应很好地体现了这一点。

有人说，没有人能使产品的合格率达到100%，但二战期间的美国军方做到了。这是发生在第二次世界大战中期美国空军和降落伞制造商之间的真实故事。当时，降落伞的安全性能不够。在厂商的努力下，合格率渐渐提升到99.9%，而军方要求降落伞的合格率必须达到100%。

对此，厂商不以为然。他们认为，能够达到这个程度已相当优秀了，没有必要再改进。他们一再强调，任何产品都不可能达到100%合格，除非奇迹出现。但是，对军方而言，99.9%的合格率，意味着每1000个伞兵中，会有1个人因为产品质量问题在跳伞中送命，这显然会影响伞兵们的士气。

后来，军方改变了检查产品质量的方法，决定从厂商交货的降落伞中随机挑出一个，让厂商的负责人装备上身后，亲自从飞机上跳下来。这个方法实施后，奇迹出现了，不合格率立刻变成了0。

原本认为不可能的事，制度一改，奇迹就发生了。制定制度为的是规范管理，但无论是有了制度没有奖惩机制，还是奖惩机制与人们的切身利益缺少关联，都会导致制度成为摆设。关心自身利益是人的本性，而怎样让制度顺应这种本性，以此激发员工的工作热情，是管理者，特别是制度的设计者需要深思的问题。

破窗效应：制度不在于多，而在于执行

有些企业传统的做法总是制度制定多，检查落实少；突击性检查多，日常性检查少；口头要求多，实际落实少；表面严格多，具体过硬少。检查的随意性成为"表面文章"的典型代表。不检查、不督促，就难以保证制度的有效落实。

美国斯坦福大学心理学家詹巴斗曾做过这样一项有趣的试验：他找了两辆一模一样的汽车，把其中一辆摆在中产阶级社区，而另一辆摆在相对杂乱的社区。他把后一辆车的车牌摘掉，并且把车顶打开，结果不到一天，这辆车就被人偷走了。而前一辆车摆了一个星期仍安然无事。后来，詹巴斗用锤子把那辆车的玻璃砸了个大洞，结果仅仅几个小时，车就不见了。

以这项试验为基础，政治学家威尔逊和凯琳提出了一个"破窗效应"：如果有人打破了一个建筑物的窗户玻璃，而这扇窗户又得不到及时的维修，别人就可能受到某些暗示性的纵容去打烂

更多的窗户玻璃。

　　人们的习惯是，见到窗子破了，不去思考如何修补，而是想着如何放纵自己去打碎更多的玻璃。这种惯性思维会给企业管理带来很多危害，例如，管理制度上出现了破窗，员工就会想办法去钻这些空子，从而形成不良的风气。

　　再如，在企业中，我们经常可以见到这样的情形：会议室的椅子，今天少一个螺丝，明天靠背就掉下来了，如果没有人落实责任及时修理，后天可能就要报废。久而久之，其他椅子也会有相同的命运。不出半年，会议室就会成为一个杂物间。

　　办公室的窗台上有一层灰，没有人去打扫，一星期后，电脑上、桌角、墙角……只要是不经常触及的地方，都蒙上了厚厚的一层灰。如果我们视而不见，不加以处理，久而久之，办公室将成为一座垃圾场，纸张码放无序，地上垃圾成堆……不管是客户还是老板，一看就知道这些人懒散、无序、没有责任心，更何谈效率？以上这些，我们都可看做是"破窗效应"。

　　第一扇破窗不及时修复，导致了第二扇、第三扇……更多的窗户被打破。在企业管理之中更是如此，如果第一件破坏制度的事情发生后，得不到及时有效的解决和处理，一方面，容易使破坏制度者有恃无恐，变本加厉；另一方面，其他员工会理所当然地接受这种错误，久而久之，员工的正确认识会受到混淆，是非分辨能力会下降。即使员工当时对此种不当行为有所认识，但由于管理者没有及时明确表态并采取必要措施，就会诱导其他员工习惯性地沿着那个破坏性的思路去思考，觉得制度即使破坏了也不会受到什么惩罚。于是，类似的事情接二连三地发生，直到制度彻底被破坏，企业发展受到严重影响。

为了避免这种"破窗效应"所造成的制度破坏，就必须从补上第一扇"破窗"入手。对公司员工中发生的不良行为，管理者要充分的重视，适当的时候要"小题大做"，这样才能防止有人跟着犯错，避免积重难返。

很多时候，人们会把企业运营失败的原因归咎于制度不够完美，但在大多数情况下，制度完美与否并不是主要原因，导致企业失败最根本的原因就是已有制度未落实或者落实不到位。制度执行是企业中每一个人最基本的责任，没有执行，再完美的制度也发挥不了作用。如果你所安排的任务没有人去落实，你就成了光杆司令，无法让企业正常运转起来。员工在执行制度的过程中，即使一个很微小的细节没有落实或者落实不到位，都有可能影响全局的发展，影响整个企业的发展。

执行是制度管理的最关键环节。无论多么好的制度，如果不能得到有效的执行，就变成了一纸空文。更重要的是，不注重执行一旦形成习惯和风气，将会影响整个组织的有效运转，甚至会导致企业的倒闭。

管理者在制定制度时，要想到该制度能否顺利执行。一个企业的制度包括的范围非常广泛，要建立一套能在组织中清楚地指导员工怎样做的制度，一定要对企业情况了解得清楚细致，否则就不要在某一特定领域制定规章制度。从某种程度来说，不明确的制度比没有制度更糟糕。

要为企业量身定做一套合乎需要、易于执行的制度，我们可以从一个新进的员工有什么问题出发，观察老员工是怎样应对这些问题的，他们一般都会采用同一方式解决类似问题。这些方式在大部分情况下可以作为制度使用。遵照这个过程，制定一套制度就相对容易得多了。

对于在制度中没有作出明确规定的问题，管理者应该对出现的情况作出书面决定，听取老员工的经验之谈，建立起一套可供员工参照、应用的独有的制度。

制度应当在任何情况下对所有员工统一使用。如果出现了合理的例外情况，如对某一长期顾客的特殊优惠等，应把这一情况通知所有相关人员。

如果例外的情况很多，那么制度一定是制定得太严了，就有必要进行一些调整。

制度制定后，下一步就是执行，此时管理者除了要以身作则，还要勤检查，保证制度能够很好地执行，真正地落实。

检查与考核是管理员工的一对"孪生兄弟"，只检查不考核，检查缺乏力度；只考核不检查，考核便失去依据。强有力的检查和考核是推进各项制度落实的有效武器。管理者要把跟踪检查当做一项日常性的工作，绝不能忽视。

检查的过程既是落实制度的过程，也是发现问题和修正错误的过程。对于检查中暴露出来的问题，能当场纠正的绝不要留到日后处理。世界零售巨头沃尔玛有一个著名的商业原则，那就是"日落原则"，即要求沃尔玛的所有员工当日事当日毕，要在日落以前结束当天应干的事情，做到日事日清，绝不拖延。这一原则同样适用于检查工作，如果把检查作为日常性工作，暴露出来的问题就不会拖延到第二天。

考核检查与奖惩机制是让制度得到有效执行的重大措施。没有了检查与考核，人们会对制度置若罔闻，这是人类的惰性使然。但是企业要发展、要成功，就必须克服惰性，其中非常重要的一个方法就是加强检查，同时配以公正的考核，并且充分发挥奖惩机制的导向作用。

严格的工作考核、检查与奖优惩劣相结合，是各项制度、政策及目标得以顺利落实的最关键因素。

考核不仅是一种制度，更是制度得以落实的核心环节。如果考核流于形式，模棱两可，无论对管理者还是员工，都是一种欺骗和成本浪费。

对员工进行考核，最主要的内容是绩效考评。绩效考评的结果可以直接影响员工的薪酬调整、奖金发放及职务升降等诸多切身利益；绩效考评的最终目的是落实制度，改善员工的工作表现，以达到企业的经营目标，并提高员工的满意程度和未来的成就感。

如果出现了"破窗"，要立即找出谁是"破窗"的罪魁祸首，严惩不贷。只有这样，员工才会认真执行制度，我们的企业才能永远"窗明几净"，无失败之忧。

阿比勒尼悖论："墙倒众人推"与"事后诸葛亮"

30年前美国人哈维根据自己生活中的一次经历描述了"阿比勒尼悖论"。他和太太以及岳父岳母在40℃的高温下，坐在位于得克萨斯州科勒曼城的家中的门廊里。科勒曼距离得克萨斯州的另一个城市阿比勒尼大约53英里。4个人在酷暑中尽可能地少活动，多喝柠檬水，看着风扇懒洋洋地转，偶尔玩玩多米诺牌。过了一会儿，岳父建议开车去阿比勒尼的一家餐厅吃饭。哈维觉得这个主意很疯狂，但觉得没有反对的必要，因此他附和了该提议，太太和岳母也附和了。

4个人上了没有空调的别克轿车，冒着尘暴去那家餐厅吃了一顿乏味的午餐，然后回到了科勒曼，他们筋疲力尽，并且燥热难当。大家对这次经历普遍不满意。直到他们到家后，才发现原来没有一个人真的想去阿比勒尼，他们只是附和，因为他们认为其他人盼着去。哈维将此命名为"阿比勒尼悖论"，并认为组织中也会出现类似的荒唐现象，即组织采取的行动往往与真正的意图相悖，不能达到理想的结果。

确实，企业中类似的事件并不罕见。

一家软件开发公司近年来业务发展得很好，吸引了许多名牌大学的优秀毕业生。公司有一套严格的招聘制度和程序以保证业务部门能够招聘到合格的人才。按照公司人力资源委员会的规划，今年只招聘软件工程和市场营销两个方向的人才，管理类的应届毕业生暂时不招聘。在一个偶然的场合，公司经理的大学同学向他推荐了一位管理专业的应届毕业生，虽然经理觉得不能违背公司制订的招聘计划，但希望由人力资源委员会的成员来作出具体的决策，于是将被推荐人的资料转给了人力资源委员会。

人力资源委员会的5位成员开会讨论这位被推荐人的申请。起初大家都不发表意见。过了一会儿，其中一位委员说："这位申请人知识面很宽，尽管对管理实践不太熟悉，但她应当很有潜力。"其他人纷纷赞成，最终决定录用她。这位被录用的大学生来公司上班后到经理办公室道谢。经理很惊诧，为什么人力资源委员会违背刚刚制订的招聘计划，将一个素质平平且公司并不需要的人招进来？人力资源委员会的几位成员开始指责那位首先发言的委员，而这位委员则说："我看你们在会上都不发言，而我还要去主持另外一个会，而且我们既然开会，就要达成共识、作出决策，所以我才率先说出那样的话。如果我的想法不对，你们怎么没有一个人站出来提出不同意见呢？"

可见，出于怕得罪人或从众的心理，很多人都会揣测别人的心理，顺从别人的想法，模糊自己的责任，跟在别人后面亦步亦趋，其做法往往与其真实想法相违背，如此一来，有效地落实责任也就无从谈起。

很多时候，大家都会或多或少地意识到自己的公司存在一些问题，却很少有人会主动提出来。直到问题严重到纸包不住火，必须要追究责任的时候，大家才仿佛突然醒悟过来，争先恐后找证据指责那个失职的人，大有"墙倒众人推"之势。

许多民营企业经常会出现如下场景：开会时，老板追究某件事情的责任时，开始时基本上没有人开口说话。即使老板问到自己，也会说："我不知道，这不是我的责任。" "这好像不属于我的工作范围。"大家相互推脱责任。当老板费尽精力找到责任人与处理方法时，大多数员工就突然都变成了诸葛亮，"我早就知道是这小子没有落实责任"、"我早就发现是这个部门没有负起责任"、"我早就觉得该这么做了"……

可这种"事后诸葛亮"有什么用呢？往往该落实的责任就在这种"阿比勒尼悖论"的作用下被不知不觉模糊了。作为企业的管理者，我们有必要培养员工的责任心，发现问题就及时提出来，不要怕出错，不要怕被别人笑话，不要怕得罪人。维护企业的利益、落实责任是不能当闷葫芦、老好人、马后炮的，因为责任心是一个员工必备的职业操守，公司兴亡是每一个员工的责任。只有不断发现问题、解决问题，企业才能不断地向前发展，个人才能不断地取得进步。

横山法则：高效的管理是触发被管理者自发管理

横山宁夫在他的著述中提出"最有效并持续不断的控制不是强制，而是触发个人内在的自发控制"这一观点，引起了人们的广泛赞同。后来，许多企业家根据横山宁夫的理论总结出了"横山法则"，作为激发员工主动性的一大武器。

微软公司的企业文化强调充分发挥人的主动性，对于这一点，微软中国研发中心的桌面应用部经理毛永刚深有体会。毛永刚说，1997年他刚被招进微软中国研究开发中心时负责做Word。当时他只有一个大概的资料，没有人告诉他该怎么做，该用什么工具。和美国总部交流沟通后，得到的答复是一切都要靠自己去做。就如要测试一件产品，却没有硬性规定测试的程序和步骤，完全要根据自己对产品的理解，考虑产品的设计和用户的使用习惯等来发现新的问题。这样，员工就能发挥最大的主动性，设计出最满意的产品。

微软是个公平的公司，这里几乎没有特权。盖茨只是这两年才有了自己的停车位。以前他来晚了也得自己到处去找停车位。正是这种公平和富有挑战性的工作环境，激发了微软员工巨大的工作热情，这种热情就是管理员工的最有效工具。在微软，员工基本上都是自己管理自己。无须多言，正是这种触发员工个人内在的自发控制和管理，使得微软始终保持高速运转的势头，占据着该行业最有利的竞争位置。

出色的管理人员总是首先着眼于培养员工的工作主动意识，使他成为一名能够自我管理、自我激励的人，而用不着去每天督促他，才能圆满地完成工作。

彼得原理：企业用人必须优胜劣汰

彼得博士对人们的不胜任行为进行观察后，渐渐意识到一种规律的存在——在层级组织里，每个人都会由原本能胜任的职位晋升到他无法胜任的职位，无论任何阶层中的任何人，迟早都会有这样的遭遇。

彼得博士对"彼得原理"的诠释，成为20世纪最具洞察力的社会心理领域的创见。

在一个新兴体系中，高效率源于成长迅速、朝气蓬勃、创意不断的团队，新兴机构的机动灵活性使员工的才智得以适当运用。在这段时期，每名员工的工作表现，都会对各自职位的业绩有所贡献。

体系渐趋成熟时，"彼得原理"提到的症状便会陆续出现。

官僚现象限制了优秀员工的表现，却促使无能员工登上更高一级的职位。一名无能的员工会给工作带来负面的影响，而一群无能员工会使工作呈紊乱状态。过不了多久，整个体系便会步入萧条期，我们称这种现象为"体系萧条"。

适应环境、发挥才智及选择的自由，都是人性的特点，但"体系萧条"使这种人性越来越难以彰显。

百事可乐公司创建于1898年，公司总部设在美国。它的产品畅销全球。该公司总裁韦恩·卡洛韦在谈到他如何取得这一成绩时，他的回答只有一个字：人。

韦恩·卡洛韦对他属下的550名管理人员的情况了如指掌，他用40%的时间去研究人的问题。他坚持优胜劣汰的用人原则，亲自制定了各类人员的能力标准，每年至少一次与他的属下共同评价他们的工作。如果一个属下没有达到标准，韦恩·卡洛韦会给他一段时间学习提高，以观后效；如果已达到标准，第二年就会习惯性地提高要求。经过评估，公司的管理人员被分成四类：第一类，最优秀者将得到晋升；第二类，可以晋升，但目前尚不能安排；第三类，需要在现有的岗位上多工作一段时间，或者需要接受专门培训；第四类，最差者将被淘汰。

百事可乐公司坚持优者胜出、劣者出局的原则，使公司留下了优秀的人才，淘汰了较差的员工，减少了不必要的开支，也创造了更大的效益。这也正是百事可乐取得成功的秘诀。

生物的新陈代谢是自然界的规律，企业也需要新陈代谢，而企业的新陈代谢需靠优胜劣汰机制来实现。要实现这种优胜劣汰，企业的主事者必须有识人的眼光，善于识别企业中的明星。

在一个企业里，一些员工的巨大潜力被无谓地浪费或未能得到充分地发挥是常有的事。为了企业的利益，企业的主事者就有责任和义务使企业的明星不被埋没。

管理学教授乔治·奥迪约姆指出了该类人物的两个主要特征：有超乎其所担负任务的工作能力；通常他能完成更多的工作，并取得更好的成绩。

至少可以提出如下几个问题，识别企业里的明星。

（1）他有没有雄心壮志？明星人物必须有取得成就的强烈愿望。他通过更好地完成工作，不断地去寻求发展的机会。

（2）有无需要求助于他的人？这个问题的答案是很重要的。如果你发现有许多人需要他的建议、意见和帮助，那他就是你要发现的明星了。因为这说明他具有解决问题的能力，而他的思想方法为人们所尊重。

（3）他能否带动别人完成任务？注意是谁能动员别人进行工作以达到目标，因为这可以显示出他具有的管理能力。

（4）他是如何作出决定的？注意能迅速转变思想和说服别人的人。一个有才干的高级管理人员，往往能在需要的事实都已具备时立即作出决定。

（5）他能解决问题吗？如果他是一个很勤奋的人，他不会告诉老板："我们有问题。"只有在问题解决了之后，他才会向老板汇报说："刚才有这样一种情况，我们这样处理，结果是这样。"

（6）他比别人进步更快吗？一个明星人物通常能把上级交代的任务完成得更快更好，因为他勤于做"家庭作业"，所以他随时准备接受额外任务。他认为自己必须更深地去挖掘，而不能只满足于皮毛。

（7）他是否勇于负责？除了上面提到的以外，勇于负责是一个明星人物的关键性条件。

全部具备或具备超过半数以上条件者，说明他就是企业中的明星人物，也就是通常所说的优秀人才。对于这样的人，你要好好对待，给他提供好的职位与相应的报酬，使他能够留下来为你效力。

20/80法则：留住关键性人才

1897年，意大利经济学家帕累托（1848～1923）偶然注意到英国人的财富和收益模式，于是潜心研究这一模式，后来提出了著名的20/80法则，即二八法则。

它的结论是：如果社会上20％的人占有社会80％的财富，那么可以推测，10％的人占有了65％的财富，而5％的人则占有了社会50%的财富。

这样，我们可以得到一个很多人不愿意看到的结论：一般情况下，我们付出的80%的努力，也就是绝大部分的努力，都没有太大收益和效果，或者是没有直接创造收益和效果。而我们80%的收获却来源于20%的努力，其他80%的付出只带来20%的成果。

很明显，二八法则向人们揭示了这样一个真理，即投入与产出、努力与收获、原因和结果之间，普遍存在着不平衡关系。小部分的努力，可以获得大的收获；起关键作用的小部分，通常就能主宰整个组织的产出、盈亏和成败。

微软老板比尔·盖茨曾开玩笑说，谁要是挖走了微软最重要的约占20%的员工，微软可能就完了。这里，盖茨告诉了我们一个秘密：一个企业持续成长的前提，就是留住关键性人才，因为关键人才是一个企业最重要的战略资源，是企业价值的主要创造者。

因此，在任何时候，你都要和他们保持良好的沟通，这种沟通不仅是物质上的，更是心理上的，要让他们觉得自己在公司具有举足轻重的地位。如果他们感觉到老板对自己的赏识，心中会升起一种责任感，从而愿意与公司共进退。

一家西方知名公司的CEO刚刚实行了一项革命性的举措——部门经理每季度提交关于那些有影响力、需要加以肯定的职员的报告。这位CEO亲自与他们联系，感谢他们的贡献，并就公司如何提高效率向他们征求意见。通过这一举措，这位CEO不仅成功留住了关键性的人才，还得到了他们提供的关于公司持续发展的大量建议。

另外，要仔细分析顶尖人才在什么情况下业绩最佳，在那段时间内，他们是如何工作的。因为即使是一个顶尖人才，他的业绩也不是每个季度、每个月都一样的。根据二八法则，每一位优秀人才，在他们20%的工作时间里创造了80%的业绩。企业可以此来分析他们在那段时间内创造佳绩的原因。

你也许会问，对表现不太抢眼的那80%的员工该怎么办？

其实这些问题你不必考虑，你要重点训练的是那些你打算长久留在身旁的人，而不是随时准备让他们走人的员工。

吉格定理：建设高效学习型团队

吉格定理是由美国培训专家吉格·吉格勒提出的。吉格定理告诉我们的是，除了生命本身，任何才能都需要后天的锻炼。也就是说，才能的养成需要后天的努力。

对一个人来说，才能的养成需要后天的勤奋学习。对一个企业来说，它的竞争力和优势同样在于不断地学习。

1981年，通用电气公司新总裁杰克·韦尔奇上任时，通用电气公司连续10年创下了良好的业绩。然而，在韦尔奇眼里，通用电气公司有着潜在的危机。"在被迫改变之前，要主动改变自己"成为韦尔奇的价值观。韦尔奇意识到全球竞争及全球市场时代即将来临，他促使通用电气公司在20世纪80年代进行了大规模的企业重组。对于那些在全球市场上没能占据第一位或第二位的公司，通过出售、关闭或重组的方法进行大规模的改变。同时收购、兼并一批公司，以保持通用电气公司的稳定发展。

韦尔奇在改革期间，极力倡导组织学习，鼓励员工从学习中改变固有观念，不断适应新的市场要求。通用电气公司又花巨资建立了克罗顿威尔管理发展中心，每年对通用电气公司10000名员工进行培训。通用电气公司将这个管理发展中心看做是管理创新的实验室，是公司上下级之间相互沟通，传达价值观、经营理念的良好渠道。克罗顿威尔被《财富》杂志誉为"美国企业的哈佛"。韦尔奇就是利用"克罗顿威尔式的学习过程"在通用公司掀起了一场学习运动。正如克罗顿威尔管理发展中心的负责人所说："有时它是一个论坛，有时是个情报通信站，有时又是一个辩论的场所，或是一个布道坛。"这里所有的参与者在任何时候都能追踪公司的动向。我们最想完成的一件事，是创造并培养一支精良的队伍。这不是某个人坐在一匹马上发号施令，而是开创远大目标并培养一支有相同远大目标的精良队伍的能力。这支精良的队伍才是今日通用成功的关键。

杰克·韦尔奇领导下的通用电气公司始终强调统一的公司价

值观：

（1）创造一个清楚、简单、具有真实性、以顾客为中心的远景目标，并且能够直接与所有的客户沟通。

（2）了解所负担的责任与任务且具有果断性；制订与达到具有挑战性的目标，随时保持正直诚实的心。

（3）建立自信心并授权给他人，采取一种宽容的行事风格；强调精诚团结，并将它作为授权的一种手段；随时随地包容人们的意见，拒绝官僚作风。

（4）培养全球观与敏感度且有充分的能力建立多元化的全球性小组。

（5）刺激变革且热衷于改革，不要害怕改变，应视变革为一种机会而不是一种威胁。

（6）拥有充沛的精力且有能力来激励与提高他人的士气，了解速度是竞争的优势且明白速度创造利益。

可以这样说，杰出的企业必然会有杰出的学习环境。有许多的杰出企业，培训制度相当完整，培训计划、预算及具体培训设备都很到位。这种企业组织内处处充满生机，人人追求改变，营造了学习型组织的氛围，企业成员若能被鼓励去学习，必然能产生更高的生产力及成就感。当然，这有赖于经营者及主管的充分支持，它是良好学习环境的必备条件。

企业组织、主管及员工构成学习环境中的一种三角关系：

企业必须刺激主管求新求变的意志，让主管对学习环境的塑造保持正面及支持的态度。主管必须分析员工的学习需求，强化员工的学习意愿，在部门内营造学习环境。员工本人则因工作及成长的需要表达高度的学习意愿，并将学习的成果反映在工作绩效上，反馈给企业。员工的学习成果对工作的帮助会使他对学习产生兴趣与信心，成功的学习经验能强化学习者再参与，形成另一种对学习需求的激励因素。

至于企业的学习环境如何塑造，可以参考以下几种方法：

1. 提供适当的诱因及行政支援（支持的态度）

（1）提供行政支援。如编制培训计划，提供培训场所，编列培训预算，配置负责培训的专职人员。

（2）配置企业内教育训练人员及内部讲师，如遴选优秀人员加以培训使其成为内部讲师，训练各阶层主管，使他具备培训下属的能力。

（3）取得训练资源。训练资源具有吸引力，如一方面与有实力的企管顾问公司合作，另一方面搜集国内外既现代又实用的课程。

2. 鼓励创新及持续改善（刺激学习）

（1）对训练成果做追踪评估，将员工的知识、技能作为薪资核心以及绩效考核的评价项目。

（2）培养员工创新、冒险的精神。鼓励多做多错，丢弃少做少错的不进取主义。

（3）建立企业内品质改善系统。运用PDCA管理循环的概念，持续不断地成长，使人人都追求突破、追求新知识、追求新技能。

（4）将接受培训的时间进行统计，作为晋升的评价项目。

3.充分授权，提供员工参与管理的机会

（1）让员工参与目标的设定、执行、评估与决策。通过参与管理，凸显知识与能力的不足，产生学习需求。

（2）建立自我管理的工作意识，逐步形成自我管理的团队。

4.确定主管人员的角色——教练兼导师

（1）协助部属建立职业生涯规划并协助其达到规划目标。

（2）分析部属观念、态度、知识及能力的不足，并协助其成长。

（3）将部属的职业生涯目标、学习目标与组织的工作目标结合起来，并定期协商修订。

（4）将部属的任务指派作为学习计划的一环，在工作中学习，在学习中成长。

第四章

让制度百分百地发挥效力
——好的制度在于执行

没有执行力，一切都是空谈

　　好的决策是企业成功的前提，但是再美好的决策如果没有执行，那也只是一场空想。史玉柱对于自己团队"说到做到"的执行能力非常认同。他说："如果谁说我们的执行力差，他可以这么说，但我绝不会承认。每年大年三十，你可以到全国50万个企业和药店去看，别人早回家过年了，我们9000名员工依然顶着寒风在那里一丝不苟地搞脑白金促销。如果执行力不行，干劲从哪里来的？"

　　具有保障性的执行力，对于一个商业模式稳定、管理到位的企业来说，比创造更为重要。从这个方面来讲，史玉柱是个典型的实用主义者。曾有人问他，现在的管理中，哪一样至关重要？史玉柱的回答仍然是"说到做到"。他认为："你只要承诺了，几月几日几点钟做完，你一定要做完，完不成，不管什么理由，一定会遭到处罚。往往越没本事的人，找理由的本事就越高。我们干脆不问什么原因了，你部门的事你就得承担责任，不用解释。所以现在大家都说实话，不搞浮夸了。"

　　为了落实"说到做到，严己宽人"这一理念，创造高效的执行力，他成立了专门的督察部，秉着"以客观所见为依据，大公无私，宁可错判，绝不放过"的原则，制定了一套严密的制度，组织专门人员进行落实。

在脑白金前期，督察实施相当严格，扣罚严厉，各市场人员几乎没有幸免的，甚至有些市场部门月月被罚。史玉柱组织的督察小组一年四季在外面悄悄进行市场纠察，一旦发现分公司弄虚作假或隐瞒问题，就会对分公司进行处罚。除了这支总部的督察小组，省级分公司也有督察小组查市级市场，市级督察小组又查县级市场。正是这种安排，使得脑白金的营销队伍在各终端都非常强势。

为了加强监督机制，史玉柱想出了新的约束方法。他要求各地的经理对他们承担的责任"互保"。这样，使担保人起到了相互监督的作用。刚开始做脑白金时，总部规定分公司要每天维护终端，上报各个终端的服务情况，漏报迟报一天罚5000元。有个经理根本不把总部的制度当回事，一个月都没报一次，按规定应被罚15万元。可那个经理的工资根本不够罚，怎么办？史玉柱就接着罚担保人的工资，以及担保人的担保人的工资，一直连罚了5层，直到罚足15万。正是有了这样严格的措施，史玉柱才树立了制度的权威性，保证了公司运作制度的准确执行。

在做《征途》游戏的时候，在竞争激烈的大城市，一般的网络游戏公司的海报能贴上去就已经不错了。但对《征途》员工来说，贴海报之前他就清楚地知道，这个海报所贴位置以及存在的时间都会有专人检查，所以根本不会有偷工减料、敷衍了事的想法。员工的执行力强，责任心重，达到的效果当然会很好。

执行力是一流企业和不入流企业的显著区别。一个企业的成功，三分之一靠策略，三分之二靠执行。正如软银公司董事长孙正义所说的那样："三流的点子加一流的执行力，永远比一流的点子加三流的执行力更好。"一流企业的执行力就像军队一样说一不二，这样有纪律的正规军打那些拖三落四的杂牌军，想不胜利都是不可能的。

统筹全局作出决策，然后坚决执行

科学家们曾做过这样一个实验。在只有窗户打开的半密闭的房间里，将6只蜜蜂和同样数目的苍蝇装进一个平放的玻璃瓶中，瓶底朝窗户。科学家们发现，苍蝇们会在瓶中横冲直撞，不到2分钟，所有苍蝇就穿过另一端的瓶颈逃逸一空。蜜蜂们以为，出口必然在光线最明亮的地方，朝着那个方向一定会找到出口。于是，它们不紧不慢地行动着，然而等待它们的却是死亡。苍蝇们成功地逃离是因为它们懂得快速行动才能求得生存。

决策需要行动，没有行动的决策只能是一种想法，不能借助于行动的决策等于没有决策。有了决策就马上去行动，决策必须转化为行动，因为只有行动可以证明决策的价值。英国AJS公司副总裁普赛尔一针见血地指出："思虑过多会阻碍迅速行动。"组织确立了目标，制定了战略，作出了决策，却不执行，这和没有决策或者决策错误并无本质的区别。

作为企业的管理者，完成一个决策之后，首先就是要提醒自己：杰出的决策必须加上杰出的执行才能奏效。

1954年的一天，克罗克驾车去一个叫圣贝纳迪诺的城市，他看到许多人在一个简陋的餐馆外排队，他也停车排在后面，发现原来是一家经销汉堡包和炸薯条的快餐店，生意非常红火。

此时，克罗克已经52岁了，还没有自己的事业，他一直在寻找自己事业的突破口。他发现，快节奏的生活方式就要到来，这种快餐的经营方式代表着时代的发展方向，大有可为。于是他毅然决定经营快餐店。他向经营这家快餐店的麦当劳兄弟买下了汉堡包摊子和汉堡、炸薯条的专利权。

克罗克搞快餐业的决策遭到家人及朋友的一致反对，他们说："你疯了，都50多岁了还去冒这个险。"然而，克罗克决定了就毫不退缩。在他看来，决定大事，应该考虑周全；可一旦决定了，就要一往无前，赶快行动。行与不行，结果会说明一切，最重要的是要有行动。

克罗克马上投资筹建他的第一家麦当劳快餐店，经过几十年的发展，克罗克取得了巨大的成功，人们把他与名震一时的石油大王洛克菲勒、汽车大王福特、钢铁大王卡内基相提并论。这就是行动的结果。倘若克罗克在亲友的劝说下，放弃了他的决策，我们今日怎么可能见识到辉煌的"麦当劳帝国"呢？

管理者要善于决策，更要善于行动。行动才能出结果，要想使决策取得成功，就必须付出行动，而且，必须要在第一时间付出行动。成功不是靠等待得来的，而是将决策转化成行动的成果。管理者如何将决策转化为行动呢？

首先，必须在行动前明确无误地回答下列问题：决策必须要让哪些人知道？必须采取什么行动来贯彻落实？应由哪些人来执行？这一行动应该包含哪些内容、经验和标准，以便让执行决策的人有所遵循？

在决策执行的过程中，管理者必须设法落实以下两个方面的情况：第一，行动的责任要落实到具体执行人；第二，执行决策的人必须要有足够的能力。管理者对其下属的考核方式、考核标准及奖励办法都应该随着决策的执行而作出相应的调整，并要使这些考核成为决策执行的激励力量，而非影响执行效率的负面因子。

企业里的制度不是用来讨论的，而是用来执行的

柳传志有一句名言："爬喜马拉雅山，可以从南坡爬，也可以从北坡爬。联想一旦决定从北坡爬，大家就不要再争了，哪怕

北坡看似更远、更陡、更危险。"他的意思是，企业里所有的制度不是用来讨论的，而是用来执行的。

业务员小张，被公司派往联想集团工作一段时间。第一天，一位部门经理接待了她。寒暄之后，他郑重地告诉小张说："你虽然是公司之外的人，但你既然来到本公司，在你工作的这段时间里，一切就按联想公司的人员看待，因此也希望你遵守公司的一切规定。"小张说："那是自然，入乡随俗。这样大的公司，没有制度不成席嘛。"部门经理介绍了公司的一些规定，最后提醒小张："联想成立以来，有开会迟到罚站的制度，希望你注意。"他的语气很严肃，但小张却没有太在意。

一天下午，集团办公室通知所有中层干部开会，也包括小张这些驻外业务代表。小张临时接了个电话，忘了时间。等小张想起来时，已经迟到了3分钟。她刚走进会场，就发现大家出奇地安静，这让她有点不自在。后来看见会场后面有个座位，她打算轻手轻脚地进去，以免打扰大家。

"请留步，按规定你要罚站1分钟，就在原地站着吧！"会议主持人站在会议台上，向她认真地说道。小张的脸顿时一片潮红，她只好原地站着，熬过了世上最难熬的1分钟。会议主持人说："时间到了，请回到座位上去。"接着大家继续开会，就像什么也没发生，而小张却如坐针毡。

会后，部门经理找到她："小姑娘，罚站的滋味不好受吧！其实你也别太在意了，以后注意就行了，我也罚站过，柳总也曾经罚站过。""老总也罚站啊？"她有点惊讶。"联想创建10多年来都遵守这个规定，无一人例外。有一次电梯出了故障，柳总被关在里面，他叫了很长时间才有人把他弄出来，他也只好认罚。'开会迟到罚站1分钟'也算是联想一种独有的企业文化吧。"部门经理对她说。

柳传志在很多场合说过："企业做什么事，就怕含含糊糊，制度定了却不严格执行，最害人！""在某些人的眼里，开会迟到看起来是再小不过的事情，但是，在联想，却是不可原谅的事情。联想的开会迟到罚站制度，20年来，没有一个人例外。"柳传志认为，立下的制度是要遵守的。他还说："在我们公司有规定，一定规模的会议，就是二十几人以上的会议，开会迟到的人需要罚站1分钟，这1分钟是很严肃地站1分钟，不是说随随便便的。"

不以规矩，不能成方圆。所以，所有的企业组织，就应有制度可依，同时还应有制度必依。制度不是定来给人看的，而是定来遵守的。无论是谁，只要是这个企业组织的成员，就应该受这个制度的约束，这样才能发挥制度的作用。

要想让员工遵守制度，管理者首先要管好自己，为员工们树立一个良好的榜样。言教再多也不如身教有效。行为有时比语言更重要，领导的力量，往往不是由语言而是由行为动作体现出来的，老板的表率作用尤其重要。正是柳传志以身作则，联想的其他领导人都以他为榜样，自觉地遵守着各种有益于公司发展的

"天条"，联想的事业才得以蒸蒸日上。

严格遵循PDCA 管理

PDCA管理法最早是由美国质量管理专家戴明提出来的，所以又称为"戴明环"。PDCA的含义如下：P（Plan）——计划，D（Do）——执行，C（Check）——检查，A（Action）——行动。对总结检查的结果进行处理，成功的经验加以肯定并适当推广、标准化；失败的教训加以总结，未解决的问题放到下一个PDCA循环里。以上4个过程不是运行一次就结束，而是周而复始地进行，一个循环完了，解决一些问题，未解决的问题进入了另一个循环，这样阶梯式上升的。

PDCA循环实际上是有效进行任何一项工作的合乎逻辑的工作程序，有人称其为质量管理的基本方法。

企业绩效管理经过持续"PDCA戴明环"的循环管理，最终应达到的目标是：

（1）培养企业优良绩效文化氛围；

（2）立足市场，业绩制胜，并维持螺旋上升；

（3）建立企业高素质、高效率的员工团队；

（4）鼓励并不断激励先进员工，健全优秀员工个人职业生涯规划；

（5）不断挑战、创新，为企业追求卓越成效；

（6）建立企业生产经营管理与人本管理相联系的循环系统。

绩效管理系统的PDCA循环正是涵盖了前馈控制、同期控制、反馈控制3个环节，从零开始，以滚雪球的方式不断循环，一阶段终点即为新循环的起点，螺旋上升。在系统中，员工不是处于简单的被管理和被监控的位置，而是将其积极性充分调动起来，参与企业绩效管理系统的建立与运行。系统强调的是员工绩效目标的提高和进步、员工个人及组织的共同发展。通过运行绩效管理，让企业和员工在发展过程中能明确目标，及时发现问题和解决问题，不断前进，提高员工满意度及成就感，并促使企业组织绩效的提高。

以销售任务的计划、组织、控制为例：每年年终，集团商流、各产品本部根据本年度的销售额完成情况，结合各产品的发展趋势及竞争对手分析等信息，制订下一年度的销售计划，然后将这一计划分解至全国11个销售事业部。销售事业部长根据各工贸上年的完成情况、市场状况分析等信息再将销售额计划分解至其下属各工贸公司。工贸公司总经理将任务分解至各区域经理，由他们将任务下达至区域代表，区域代表再将自己的销售额任务分解至其所管辖的营销网络。从时间纬度进行分解：年度计划分解至月度，月度计划分解至每日。处于管理层的每一位管理者就可以对其下属每日的工作状况进行监督，并及时进行纠偏控制，使管理者最终控制至每一个具体网点。这就区别于国内的一些公司只是将任务分解至每月，下达至相关责任人处，仅仅依靠对相关责任人的月度提成激励而不对其如何完成任务的过程进行控制的管理方法。海尔集团在新产品开发、上市、质量管理等所有方面都是遵循PDCA管理方法的。通过这种做法就可以保证"人人都管事，事事有人管"，避免出现管理的真空。

实行"6S"标准

6S活动起源于日本，并在日本企业中被广泛推行，包括清理、整顿、清扫、安全、规范、素养6个方面，其含义如下：

"清理"是改进工作现场的源头或开始，在进行清理时，还可参照以下更具体、更具操作性的分类管理方法，将物品区分为"常用，偶尔使用，不使用"3类，然后将：

（1）常用物品安置在现场；

（2）偶尔使用物品放在固定的储存处；

（3）不使用物品清除或处理掉。

"整顿"是衔接在清理之后的，在将不需要的东西移开后，对现场进行整顿，包括重新规划与安排，这是十分自然的。

"清扫"最好在整顿之后进行，这3项工作是关联的，有次序的。

　　"安全"不仅仅是意识，它需要被当做一件大事独立、系统地进行，并不断维护，安全工作常常因为细小的疏忽而酿成大祸，光强调意识是不够的。

　　"规范"是上述基本行动之外的管理活动。对于大多数管理不善的工作场所，上述的工作通常得不到完整、系统的重视，或偶尔为之，不能长期坚持。在开始强调和实施6S时，造一些声势，搞些运动，让大家都动起来，重视起来，只要实施得力，总是能在短期内迅速改变工作现场的面貌。然而，运动的缺点就是来得快，去得也快，工作现场的良好状态是需要时刻保持的，从管理方法的角度说，要想长期保持好的做法，就应当将有关的方法和要求总结出来，形成规范与制度。所以，6S中的"规范"就是要将运动转化为常规行动，需要将好的方法、要求总结出来，形成管理制度，长期贯彻实施，并不断检查改进。

　　"素养"，是6S中最独特的一项要素，也是其精华之处。前5项要素都是十分鲜明的"行动要素"，其中1～4项是现场改善的行动，第5项将现场改善上升到系统的、制度的层面，而第6项，进一步上升到人的意识这个根本。对于人，制度是外在的、强制性的。更彻底的保障是将外在的要求转化为员工主动的、发自内心的行动。也就是变规定、要求为人的意识、习惯，素养一旦养成，将潜移默化地、长期地影响人们的工作生活质量。素养是建立在人的意识之中的，提高素养需要进行培训、宣传，并有效地运用奖罚、激励等辅助手段。

海尔的生产车间全部都将6S贯彻到位。在海尔每一个车间的入口处或作业区显眼的地方，都有一块60厘米见方的图案，红线框着的白方块上印着一对特别显眼的绿色大脚印，海尔人简称它"6S脚印"。脚印的上前方高悬着一块大牌子，上面写着"整理、整顿、清扫、清洁、素养、安全"几个大字。

海尔对6S的理解是，"整理"的含义是留下必要的，其他都清除掉；"整顿"的含义是有必要留下的，依规定摆放整齐，加以标识；"清扫"的含义是工作场所里看得见看不见的地方全要清扫干净；"清洁"表示维持整理、清扫的成果，保持干净亮丽；"素养"表示每位员工养成良好的遵守规则的习惯，有美誉度；"安全"表示一切工作均以安全为前提。

每日班前班后，班长带领大家在这里对工作进行讲评和要求，如果工作中有失误的地方，可以站在脚印上检讨自己的工作，与大家沟通，以期得到同伴的帮助，更快地提高；表现优秀的员工可以站在脚印上讲述自己的经验，把自己的体会与大家共同分享。

海尔不但在国内贯彻6S，而且还把6S大脚印搬到了海外的海尔工厂。下面是海尔美国南卡工厂的6S班前会的一个片断。

一管理人员说："按照6S的要求，我们每天要对现场进行清理。做得比较出色的，今天我们把她请出来，希望大家能够按照她的方式，严格处理自己的工作现场。"

一位女工走出队列，站到了两个大脚印上，说："今天站到这个地方我非常激动。我注意安全、卫生、质量，在这方面我尽了最大的努力。对我表扬是工厂对我的工作的认可，我非常高兴。在今后的日子里我会继续努力，为海尔贡献我的力量。"

像这样的6S班前会在所有海尔海外工厂每天都必须召集一次，工作表现优异的员工要站在6S大脚印前面向同事们介绍经验。

6S是海尔本部实行多年的"日事日毕，日清日高"管理办法的主要内容。每天工作表现不佳的员工要站在6S大脚印上反省自己的不足，海尔称这种做法叫"负激励"。

不过6S这样一套在海尔本部行之有效的办法在美国的实施上却遇到了法律和文化上的困难，美国的员工根本不愿意站在什么大脚印上充当"反面教员"。6S班前会这种富有特色的海尔管理方法在漂洋过海后开始了它的本土化过程。"负激励"变成了"正激励"，争强好胜的欧美员工们，很乐意站在大脚印上介绍自己的工作经验。站在大脚印上的演讲者越来越多后，车间里的烟卷和收音机也逐渐消失了踪影。

6S班前会的欧美做法很快又传回了海尔本部。现在每天站在青岛6S脚印上的也是表现优异的员工。

强调什么就检查什么，不检查就等于不重视

IBM公司总裁郭士纳曾说："人们不会做你希望的，只会做你检查的；你强调什么，你就检查什么，你不检查就等于不重视。"如果没有检查，再有自觉性的人也会变得倦怠。人天生是需要监督的，没有监督是滋生懒惰的温床。很多企业都存在着这么一个温床：安排布置的多，检查落实的少；突击性检查的多；口头要求的多，实际落实的少；表面严格的多，具体过硬的少。检查的随意性成了"表面文章"的典型代表。这样流于形式，或者干脆连形式都没有的管理方式，等于无效管理，也不可能会有落实力和执行力。

布置下去了不能落实，不检查势必会给人不重视的感觉，检查是一堵"防火墙"，检查的过程既是发现问题的过程，也是修正错误的过程。只有对需要重视的东西做全方位的检查，才能将执行不折不扣地落到实处。

万科作为房地产界的老大，它的执行力首先就来自于高层对执行力的检查态度。在进行流程讨论的过程中，无论是深圳万科还是北京、沈阳万科，公司的总经理、副总经理几乎每次都亲自参加并亲自对流程和文件进行确认，各部门经理对每个相关的

流程需要亲自讲解和说明。几位总经理还全程学习了一些主要的课程并参加考试。在深圳万科，第一次审核发现有一些操作未按照文件要求执行时，总经理会迅速要求对文件的所有相关内容再次组织员工培训，组织对所有人员相关文件和执行要求的考试并逐一过关，公司包括总经理在内的所有高层都要与员工一起参加考试。

在万科，如果有人不按照文件执行，任何人都可以拒绝后续的工作。一位总经理曾经事先口头同意某材料的采购，但由于没有执行采购流程中需要进行评估的要求，因而工程总监拒绝在采购审批单上签字。深圳万科设立了专门的品质管理岗，持续地对管理体系的执行情况进行审核，在日常执行过程中，管理体系文件已经修改了多次，而在有些公司，很多体系只是一个摆设，根本没有人维护。

万科对项目的管理监控能力也确保了执行的深度。每个项目及非项目部门都需要制订月度工作计划并将计划按照重要程度划分成两类，按照目标管理的方法制订一级和二级管理目标，对计划的执行过程和效果由工程部门进行跟踪和监控，其执行效果与部门及员工的绩效挂钩，按计划、目标、执行、跟踪、检查、评估、改进、循环改进并与激励体系挂钩的管理模式，使执行的目标清晰、过程有序、结果受控。员工对执行的理解要到位，即严格高效地按照流程和文件的要求执行，并达到目标的要求，且每项工作都要达到最好的结果。在万科，哪怕是提出很小的改进建议，也能很快得到实质性的改进。有人曾经提交了一份关于工程检查表和设计评审表的建议，第二天相关人员就重新设计了表格并作出了评价。

深圳万科几乎每项管理活动都采用了相关软件，如成本管理、顾客投诉、资产管理、人力资源管理、文件控制、内部审核等软件。虽然投入不多，但对提高运作效率和监督质量起到了重要作用，而且这些软件的使用都达到了预期的效果。像文件控制、内部审核软件是技术性较高的软件，很多公司都没有完全使用，但深圳万科不但使用得非常好，而且向软件公司提供了很多有用的修改建议。

正是这些完备的检查程序，确保了万科的文件下达不走样，造就了万科在战略、策略上的优良执行力。

人们往往有一个误区：只要方案好，其他问题就不用多考虑了。试问：把一个好的方案放在抽屉里，它会自动生效吗？答案显然是：不能，它必须要借助于不折不扣的落实。布置不等于完成，领导布置下去的任务，下属不一定立即就去落实，不一定就能保质保量地落实到位。这就需要领导在布置了任务之后继续跟进，监督落实。再者，布置完成以后，落实者未必就能立刻弄清执行的意图、要点、方法、步骤、技巧等，这还需要一个过程，较为复杂的落实更需要示范、演练、指导等。真正到了落实的时候，会遇到什么障碍，该如何去解决等还是未知因素。这些东西都是在检查过程中必须及时解决的。

执行的过程要重视细节

　　落实在于细节，落实的成效在于对细节的关注。这样说起来也许有些笼统，我们以上海地铁为例，来看看细节的差别对于落实的影响。

　　上海地铁一号线是德国人设计的，二号线是我们中国人自己设计的。从表面看来，两条地铁几乎没有什么差别。但是投入运营后，却出现了二号线亏损、一号线赢利的现状。仔细一比较，才发现原来是因为我们忽略了几个小事情：

　　（1）进出站口的三级台阶。一号线每一个室外进出口都比地面高，有三级台阶。下雨时可以阻挡雨水倒灌，从而减轻地铁防洪压力；而二号线没有这三级台阶，一下雨就要防洪，浪费了大量人力物力。

　　（2）进出站口的一个转弯。一号线每一个室外进出口都设有一个转弯，这大大减少了站台和外面的热量交换，从而减轻了空调压力，节省了电费；而二号线从外面到里面都是直的通道，没有转弯，热量直接进入地铁，导致电费居高不下。

　　（3）站台外的装饰线。一号线在安全距离处用黑色大理石嵌了一道边，里外地砖颜色不同，给乘客较强的心理暗示。乘客总能很自觉地站在安全线以外；而二号线的地砖颜色都一样，乘客稍不注意就会过于靠近轨道，很不安全，公司不得不安排专人在站口提醒乘客注意安全。

（4）站台宽度。一号线站台比较宽，上下车比较方便。二号线站台较窄，一到客流高峰时就会拥挤不堪，也使乘客在车厢里看不清楚外面的站牌，特别容易坐过站。结果不得不用不同的颜色重新装饰站台的柱子，方便乘客辨认。代价是损失了在柱子上的广告收入。

虽然这四点都是很小的事情，但对最终的结果却产生了很大的影响。

一个地铁就有如此多的细节需要掌握，那么落实到一项耗资更高的建设工程，落实一项苦心论证的项目方案，落实一个规定呢？又有多少细节需要掌握，又有多少人真正努力去研究和思考这些细节呢？

贝聿铭是一位著名的华裔建筑师，他认为自己设计最失败的一件作品是北京香山宾馆。因为他在这座宾馆建成后一直没有去督促过。

实际上，在香山宾馆的建筑设计中，贝聿铭对宾馆里里外外每条水流的流向、水流大小、弯曲程度都有精确的规划，对每块石头的重量、体积的选择以及什么样的石头叠放在何处最合适等等都有周详的安排，对宾馆中不同类型鲜花的数量、摆放位置，随季节、天气变化需要调整不同颜色的鲜花等等都有明确的说明，可谓匠心独具。

但是工人们在建筑施工的时候却对这些"细节"毫不在乎，根本没有意识到正是这些"细节"方能体现出建筑大师的独到之处，随意"创新"，改变水流的线路和大小，搬运石头时不分轻重，在不经意中"调整"了石头的重量甚至形状，石头的摆放位置也是随随便便。看到自己的精心设计被无端演化成这个样子，难怪贝聿铭要痛心疾首了。

因此，香山宾馆建筑的失败不能归咎于贝聿铭，而在于落实中对细节的忽视。

一个计划的成败不仅仅取决于设计，更在于落实。如果落实得不好，那么再好的设计，也只能是纸上蓝图。唯有落实得好，才能完美地体现设计的精妙，而落实过程中最重要的在于细节。

中国人绝不缺乏聪明才智，也绝不缺少雄韬伟略的战略家，缺少的是精益求精的落实者；绝不缺少各类规章、管理制度，缺少的是对规章制度不折不扣的落实。好的战略只有落实到每个细节上，才能发挥作用，也就是前面所说的"各适其位"。

海尔、联想为什么可以成为中国传统产业和科技产业的领头羊，就是因为他们的管理者、员工对公司的战略落实到位。

如果我们每个人能把自己岗位上的事情做细、做到位，那么企业也就能不断发展了。

执行力也是一种文化

很多管理者都有这样的苦恼：为什么一件简简单单的事情交代下去之后在实施的过程中就变味了，而且往往与预想的结果偏差很大？很多人简单地把发生这种事情的原因归结为执行者的执行力不足。而事实又是如何呢？不妨先看一个例子。

主管让小张去买两本笔记本，小张匆匆买了回来，主管却说要厚点的，小张买了厚的回来，主管又说要硬面的，于是小张来回跑了5趟终于买到主管想要的笔记本，主管却对满头大汗的小张说："你执行力真差。"大家看了可能会对此一笑，怎么会有这样的事情发生呢？然而这却是在不少企业中时常发生的现象。

小张买笔记本的例子，有人会说难道小张不会问清楚吗？要什么样子的，多少纸张的，什么颜色的，软面硬面的……是呀，小张可以问，但他为什么没有问呢？也许有人会说那个主管难道不会交代清楚吗？对，他可以交代清楚，但他却没有做，为什么呢？这体现了企业内部执行文化的一种缺失。

要想改变企业内部这种执行文化缺失的现象，可以从以下三个方面着重培养：

1. 从文化的核心层面构建执行力文化

（1）管理者要提炼出有利于提高企业执行力的企业核心价值观，没有核心文化就谈不上企业精神，没有企业精神，就不可能有企业凝聚力。核心价值观提炼要简短有力，富有鼓动性。而且要成为企业员工都认知、认同的理念。

（2）基于这样的理念，管理者还必须将其拓展为企业各个层面的理想和方法。这样才能使企业文化理念体系完整起来。

（3）企业理念不能停留在口头上，要得到员工的认同。必须在企业的各个沟通渠道进行宣传和阐释。要让员工深刻理解公司的文化是什么，怎么做才符合公司的文化。

2. 从文化的制度层面入手构建执行力文化

构建执行力文化，需要企业建立起相对完善的制度支持系统，比如企业的各项有效管理制度的有效支持系统等。很多企业执行力匮乏的原因主要有以下三点：

（1）有效制度建设相对落后，没有制度支持的执行，只能靠执行主体的主观能动性。无法保证不出现偏差。

（2）一些虽有完善的有效管理制度，但制度仅仅是束之高阁的摆设，没有有效得到落实。这是一种执行意识的问题。

（3）一些企业的制度建设存在众多不合理的地方，将制度建设与实际工作本末倒置，工作围绕制度去做，而不是制度服务和规范工作。因此企业的管理者不仅要强化员工的执行意识，还要建立配套的管理制度。

3. 从营造氛围层面入手构建执行力文化

良好的执行力文化的形成需要长期熏陶和潜移默化。氛围的强弱，与培育人才的好坏成正相关的关系。企业员工进入企业组织，参与企业组织的各种活动，受到外界环境的强烈影响，就会自然产生归属和依附。营造适合企业组织要求的执行力文化，必须从两个方面努力。

（1）领导垂范。管理者的行为是企业行为的标杆。管理者自身行为的方式，以及对企业内部行为的态度为广大员工所关注。企业管理者的行为是形成企业执行力文化的根本。在实际工作中，企业管理者自觉增强的执行意识、改变执行方式，积极影响着企业员工。

（2）情景干预。企业执行力文化的理念都有一定的物质表现，比如口号、标识等。在员工生活的空间和时间范围内，要设置各种标语牌，组织各种主题活动，使员工时刻处于执行力文化的熏陶之下，并有意识进行强化。

4. 从创新激励机制层面入手构建执行力文化

科学合理的激励制度和完善的福利项目，对员工有着最直接的作用，打造企业的执行力，营造企业执行力文化，必须依靠物质手段来实现和促进。

（1）管理者要用企业执行力价值观引导员工。要引导员工认识到自己的发展期望与组织目标一致，认识到良好的执行能力既是促进企业发展的关键，也是发展自己职业生涯的要求，从而对贯彻执行力有高度的认同，对企业合作群体有强烈的归属感。

（2）管理者要用企业执行力标准和要求灌输员工。对执行效率和执行结果的考评，必须成为员工能力测评的重要方面。要将规章制度纳入企业培训之中。将企业活动的程序方法和行为边界传达给员工，使员工清楚如何正确有效地做、如何做得正确有效，从而形成执行意识和规范。

只有管理者懂得了执行力的构成和提升的方式，并在工作实践中严格运用，将其向着一种文化的方向去打造，管理者才能逐渐摆脱因执行力不足而带来的烦恼。当执行力的观念渗透到每个员工内心深处时，就会爆发出企业文化独有的能力，不但可以减少工作中的损耗，更能够影响后来者，让其迅速融入到这种文化中来，这也是企业文化所具有的独特魅力。

第五章

律人先律己
——管理者的自律是法治的前提

无论多优秀，绝不能搞个人英雄主义

　　个人英雄主义主导的团队必然会失败。当年，刘邦与项羽争霸。汉高祖刘邦有一句经典名言："夫运筹帷幄之中，决胜于千里之外，吾不如子房（张良）；镇国家，抚百姓，不绝粮道，吾不如萧何；连百万之军，战必胜，攻必取，吾不如韩信。此三者，皆人杰也，吾能用之，此吾所以取天下也。"与其相反，项羽当初凭着个人英雄主义，势力一度膨胀，结果无颜见江东父老，自刎而亡。

　　客观地说，个人英雄主义在项羽创业初期确实发挥了很大的作用。但关键是在势力壮大、地盘扩大后，面对纷繁复杂的战争形势，他应该及时培养人才，通过管理团队而不是个人的骁勇来夺取胜利。项羽的失败，是个人英雄主义的失败，而刘邦的高明正是在于发挥了团队优势。一胜一败揭示了企业运营的真相：团队高效才能成功。

　　现代化企业之中，制度建设完善，部门分工明确，多数工作都需要相互协作才能完成。如果员工不能融入团队，在团队中显得极不合群，以个性主导团队运行规则。这样的员工即使再优秀、再有能力，也不能委以重任。因为现代企业更注重团队协作精神，拒绝个人英雄主义。企业管理者更应该注意的是：因为地位的特殊性，企业的领导者更容易成为企业的"个人英雄"。切记不能为逞个人英雄而给企业的长期发展埋下隐患。

惠普公司原总裁格里格·梅坦曾说："企业的领导不能成为团队的主宰者，尽管企业的领导具有超强的能力，是团队中英雄级人物。"他还说："作为领导者，我对该组织的构想当然重要，但是仅仅有我的构想还不够。我的观点是我最重要的领导资产，同时也给我带来了最大限度的限制。我认为，老板是轮毂，员工是轮辐，员工之间的谈话以及人际关系的质量是轮边。如果因为同事之间不能解决相关问题，所有的决策都需要通过轮毂，那么这个组织创造价值的能力就会受到老板个人明智程度以及时间的限制。这显然不能造就高效运营的团队。为了创造一种'轮边'会谈，老板就必须有意识地说明什么事情应该由轮毂来解决，什么事情应该由轮辐来解决。"他还举例说明：那些来自世界各地的员工在伦敦相聚，作为老板的他并不参与，因为他们正在寻找解决一个复杂并且有争议的问题的方法，他已经为他们创造了这一"轮边"会谈。他不希望因为自己的出现而使会谈没有结果。果不其然，他们的会谈很成功。

曾几何时，"万家乐，乐万家"的广告语响彻大地，空调行业对拥有热水器行业龙头品牌背景的万家乐空调寄予了厚望，期望万家乐带领民族企业在国际市场上创造奇迹。在2002年3月15

日万家乐空调上市之后，广大的经销商就加入到销售万家乐空调的队伍中。然而，好景不长，万家乐空调在国内空调市场上销售了一年多之后，于2003年年底爆出被珠海市中级人民法院查封的消息。

一颗冉冉升起的品牌之星瞬间陨落。万家乐的失败就是典型的因为个人英雄主义主导团队而引起的失败。万家乐空调老板陈雪峰是个典型的具有"个人英雄主义和独裁治理"特征的人。在陈雪峰的心中一直隐藏着像张瑞敏、李东生一样，做中国家电业的顶级风云人物的野心，因此他独断专行，不纳谏言，不但在公司对外战略上坚持以卵击石，以微薄之力进军大家电，而且在公司内部治理上，他自高自大，以为凭借个人英雄主义就可以吞并天下。他从来都听不进业内资深员工的忠告，动辄对员工大发脾气。在人员使用上，他仅凭自身好恶随意任免高级管理人员。由此带来的影响是，万家乐空调的品牌负责人换了一任又一任，公司的企业文化不成体系，缺乏企业精神和足够的凝聚力，中下层员工缺乏归属感，最终导致万家乐的失败。

所有的管理者都不应该让个人英雄主义主导团队，不应该过分强调个人的效能，应该极其重视人与人合作所产生的效能。现代社会现代组织，仅凭一个人的能力和经验已经不能应对所有工作。在任何一个成功的团队里，管理者即使不是一个受大家敬重的英雄，也是一个成功者。而假如团队失败了，英雄更无以谈起。

管理者行为端正，员工就会效仿

子曰："苟正其身矣，于从政乎何有？不能正其身，如正人何！"

这句话的意思是：假如端正了自己，治理国政有什么困难呢？连自己都不能端正，又如何端正别人呢？也就是说"欲正人，先正己"。

在企业中，管理者最大的职责自然是要管人，但人们永远喜欢管人，而不喜欢被管，这是每一个人的本性。然而，有一种情况却是例外的，那就是当人们从心底佩服某个人时，他就不会抵触这个人对他的管理，甚至觉得怎么管都可以，只要下达指令，他就一定会努力去做，绝不怠慢。

那么，管理者如何做到让下属心服口服呢？在这个问题上，有些人总是习惯于向外寻找方式，制定种种制度和规则，以此来达到约束人的作用；而智慧的管理者会从自身寻找办法：正人先正己，修己以安人，注重个人的修养，时刻严于律己。管理者如果能做到以身作则，端正态度和行为，员工就会效仿。

春秋楚庄王时期，全国上下充斥着沉湎享乐的不良风气，在解决这个问题的时候，春秋五霸之一的楚庄王在第一时间控制住了自身的欲望，为纠正不良风气做出了表率。

有一次，令尹子佩请楚庄王赴宴，楚庄王很高兴地答应了。那一天，子佩早早就在京台准备了奢华的宴会及表演，可是他左等右等，就是不见楚庄王驾临，一直等到晚上，楚庄王也没有出现。

第二天子佩拜见楚庄王，并关切地问楚庄王是不是由于身体不适才无法赴宴。楚庄王笑道："子佩不要担心，我身体很好。我之所以没有赴宴，是因为我听说你是在京台摆下的盛宴。"子佩困惑极了，说道："京台是个好地方，很多人都愿意去那里散心。"楚庄王接着说道："我知道京台是个难得的好去处。向南可以看见料山，左面是长江，右边是淮河，这地方十分诱人。"于是子佩更加费解。楚庄王又接着说道："如此诱人，你不觉得人到了那里，就会快活得忘记了死的痛苦吗？我是一个德行浅薄的人，承受如此的快乐，我怕自己会沉湎于此，流连忘返，从而耽误治理国家的大事，所以改变初衷，决定不去赴宴。"

贵为一国之君的楚庄王，偶尔消遣一下本无可厚非，可是他却能够如此严格地要求自己，克制自己的欲望，身为人臣怎能不感到羞愧呢？自此以后，楚庄王就成为了朝中榜样，全国上下也逐渐形成了良好的风气。

楚庄王之所以不去京台赴宴，是因为他要从自己做起，克制享乐的欲望，从而改变全国上下的不良风气。正因为他有正人先正己，修己以安人的气度，才使他在登基后，"三年不鸣，一鸣惊人；三年不飞，一飞冲天"，成为一个治国有方的君王。

如果一个企业想要发展、强大，企业的领导者也必须学会向内看，从自己做起。"己所不欲，勿施于人"，自己都办不到的事，凭什么要求别人做到呢？想要别人做得好，首先得自己做得好。要管理好下属，一部分靠权，以权管理，名正言顺，这属于"硬件"；而另一部分就得靠己，这属于"软件"。一个领导者只有正人之前先修己，才能上行下效，使大家心甘情愿地听你指挥。

管理者要以身作则，做出表率，才能最大限度地取信于员工。只有营造人人平等、公平至上的氛围，才能形成上下同心的无敌战斗力。

领导者应身体力行，带头遵守制度

柳传志有一句名言："爬喜马拉雅山，可以从南坡爬，也可以从北坡爬。联想一旦决定从北坡爬，大家就不要再争了，哪怕北坡看似更远、更陡、更危险。"他的意思是：企业里所有的制度不是用来讨论的，而是用来执行的。

业务员小张，被公司派往联想集团工作一段时间。第一天刚进公司的时候，一位部门经理接待了她。寒暄之后，他郑重地告诉小张说："你虽然是公司之外的人，但你既然来到本公司，在你工作的这段时间里，一切都按联想公司的人员看待，因此也希望你遵守公司的一切规定。"小张说："那是自然，入乡随俗。这样大的公司，没有制度不成席嘛。"部门经理介绍了一些规定之后，最后提醒小张："联想成立以来，有开会迟到罚站的制度，希望你注意。"他的语气很严肃，但小张没有太在意。

一天下午，集团办公室通知所有中层干部开会，也包括小张这些驻外业务代表。小张临时接了个电话，忘了时间。等她想起来时，已经迟到了3分钟。她刚走进会场，就发现大家出奇地安静，这让她有点不自在。会场后面有个座位，她打算轻手轻脚地进去，以免打扰大家。

"请留步，按规定你要罚站1分钟，就在原地站着吧！"会议主持人站在会议台上，向她认真地说道。小张的脸顿时一片潮红，只好原地站着。总算是熬过了世上最难熬的1分钟，主持人说："时间到了，请回到座位上去。"接着大家继续开会，就像什么也没发生似的，而小张却如坐针毡。

会后，部门经理找到她："小姑娘，罚站的滋味不好受吧！其实你也别太在意了，以后注意就行了，我也罚站过，柳总也曾经罚站过。"

"老总也罚站啊？"她有点惊讶。

"自从联想创建后，10多年来，无一人例外地遵守这个规定。有一次电梯出了故障，柳总被关在里面，那时手机还不普及，没有人知道他困在电梯里，他叫了很长时间才有人把他弄出来，他也只好认罚。'开会迟到罚站1分钟'也算是联想一种独有的企业文化吧。"部门经理对她说。

柳传志在很多场合说过："企业做什么事，就怕含含糊糊，制度定了却不严格执行，最害人！""在某些人的眼里，开会迟到看起来是再小不过的事情，但是，在联想，这是不可原谅的事情。联想的开会迟到罚站制度，20年来，没有一个人例外。"柳传志认为，立下的制度是要遵守的。他还说："在我们公司有规定，一定规模的会议，就是二十几人以上的会议，开会迟到的人需要罚站1分钟，这1分钟是很严肃地站1分钟，不是说随随便便的。"

没有规矩，无以成方圆。所有的企业组织，都有自己的制度，制度不是定来给人看的，而是需要遵守的。无论是谁，只要是这个企业组织的成员，就应该受这个制度的约束，这样才能发挥制度的作用。

要想让员工遵守制度，管理者首先要管好自己，为员工们树立一个良好的榜样，言教再多也不如身教有效。正是柳传志以身作则，联想的其他领导人都以他为榜样，自觉地遵守着各种有益于公司发展的"天条"，才使得联想的事业蒸蒸日上。

领导应处于下属的监督之下

联邦快递是一家集邮政快递、物流等为一体的跨国集团公司。弗雷德·史密斯是其中的一任CEO（首席执行官）。在他20多年的经营之下，联邦快递已变成了高科技、集约化、全球化的国际运输集团。在对待员工方面，他有一个独特的做法，就是让员工监督经理。

史密斯对待员工的措施之一是让每个员工都受到公平待遇，为此，联邦快递的管理者们总是必须经过严格的训练并受到密切的监督。每一位管理者上任之后，每年都要接受老板和工人们的评估。如果一位管理人员连续几年所受的评估都低于一个预定的数值，那么等待他的只能是解雇。

联邦快递员工每年都会收到包含29个问题的调查问卷。前10题是与个人有关的工作团队气氛，如："主管尊重我吗？"接下来的问题主要调查直属上司的管理态度，以及关于公司的一般情况。最后一题则与公司去年的表现有关。将调查结果按不同团队做成一览表，并列出各主管成绩。前10题的综合得分则形成领导指标，该指标关系到300位高级主管的红利，而红利通常为资深主管底薪的40%。但若领导指标没有达到预定目标，就拿不到红利。

所以，这项规定对主管而言，意味着他们要与部下融洽相处且善待他们；对员工而言，意味着他们的行为可能影响公司。

联邦快递的主管收到自己以及其他部门主管的成绩一览表后，便召开部门会议。其目的在于让团队（主管和部属）探究问题并提出改进设想，作为下年度的主要工作计划和目标。

位于孟菲斯的联邦快递收款部门，在2年前的调查结果中，领导指标只得了70分，远比预期低，却一直没有改善行动。员工抱怨年年情况一样，而且没有人聆听他们说话。直到后来部门经理汉森注意到，"我的上司供应我们所需的支援吗"一题中，他只得了14分。

汉森立刻召开会议，深入探讨。他回忆说："他们直谏我过去两年的不当行为。老实说，我怕得要死，因为他们现在要找我的分数。我足足听训7个小时。"

汉森发誓改变情况，部属也允诺帮忙。他开始常在部门内走动，听取员工心声。他之下的各级中层干部也和自己的团队开会，并且草拟早上5点到晚上10点的弹性工作时间实施办法。另外还有一项比较特别的办法，就是让因小孩生病而临时不能上班的员工，能在日后弥补意外的旷工时间。这些办法实施后，不仅提高了士气，也提高了生产力。据估计，实行弹性上班时间所带来的减少加班和节省人力，在两年内为公司省下200万美元。而且，收款部门员工还研究出一套统计评比系统，以更科学、更精确的方法公平评价员工的表现。

总之，事情有了戏剧性的变化。收款部门的领导指标在3年内增加至90分！

管理中有一个著名的"鱼缸"法则，说的是鱼缸是用玻璃做的，透明度很高，不论从哪个角度观察，里面的情况都能看得一清二楚。"鱼缸"法则运用到企业管理中，就是要增加单位各项工作的透明度，将领导者的行为置于全体下属的监督之下，有效地防止领导者享受特权、滥用权力，从而强化领导者的自我约束机制。

让员工监督上司，一般人肯定觉得难以理解："我是管他的，他倒反过来管我，到底是谁管谁？"

其实，员工监督上司只是对管理者的行为进行监督，使其权力的行使有利于工作进程，并不是要干涉上司的具体事务。"鱼缸"法则在管理中的运用，可以充分地监督管理者，并使上下形成合力，更有利于工作的完成。

纪律是高效执行力的重要保证

看一个企业的执行力如何，可以从3个层面判断：纪律、效率和细节。其中，纪律排在第一位，是执行力当中最重要的环节。

在国内企业中，海尔可以说是执行力较卓越的一个。从一个濒临倒闭的小厂成为世界知名品牌，是什么改变了海尔人？答案就是：纪律！当年，张瑞敏接手那个濒临倒闭的小电器厂时，就是从纪律着手的。

那时，张瑞敏颁布了著名的"13条"，包括不许打骂人、不许在工作时间抽烟喝酒、不许在车间大小便等。现在看起来像荒唐的笑话，却是当年工厂实实在在的情形，由此可以想象那时海尔员工的整体纪律状况。

随后，张瑞敏编写了10万字的《质量保证手册》，制定了121项管理标准，49项工作标准，1008个技术标准。在张瑞敏眼里，海尔作为由众多大公司集合起来的集团，要想正常运作，需要一套纪律协调各个机构的计划和行动，以便各机构统一面对市场，实现卓越经营，所以海尔从创立之初就非常强调员工的纪律意识。现在，海尔的员工很少出现上班迟到的现象。为了不迟到而打的去上班，这被看做是天经地义的事情，因为如果不及时赶到，便是违反了纪律。

纪律是执行力的重要保证。什么是纪律？纪律首先是服从，下级服从上级、部门服从公司、公司服从集团。令行禁止，决定的事和布置的工作必须有反应、有落实、有结果、有答复。

喜欢足球的朋友都知道，德国国家足球队向来以作风顽强著称，因而在世界赛场上成绩斐然。他们成功的因素有很多，但有一点很重要，那就是德国足球队队员在贯彻教练的意图、完成自己位置所担负的任务方面执行得非常有力，即使在比分落后或陷入困境时也一如既往，没有任何借口。

你可以说他们死板、机械，也可以说他们没有创造力，不懂足球艺术。但成绩说明一切，至少在这一点上，作为一个团队，他们是优秀的，因为他们身上具备执行力文化的特质。

无论是一个团队，还是团队中的一名成员，如果没有完美的执行力，就算有再强的创造力也不可能取得多么好的成绩。

执行力就是有纪律。没有纪律就没有执行力，也就没有战斗力。

对企业而言，没有执行力，就会失去生存空间。相当一部分企业发展缓慢，业务萎缩直至最后被淘汰出局，主要原因之一就是缺乏纪律，从而导致缺乏执行力。

执行力是决定企业成败的一个重要因素，是企业核心竞争力形成的关键。如果你的团队和员工都具有强烈的纪律意识，在不允许妥协的地方绝不妥协，不需要借口时绝不找任何借口，你会欣喜发现，你的团队已经具备了非凡的执行力。

对员工进行严格的纪律训练

西点军校是美国历史最悠久的军事学院，它曾与英国桑赫斯特皇家军事学院、俄罗斯伏龙芝军事学院以及中国黄埔军校并称为世界"四大军校"。建校200多年来，西点军校一直被称为美国陆军军官的摇篮。它培育了一代又一代军事人才，其中2人成为美国总统（格兰特和艾森豪威尔），还有4000名将军、数万名中级军官。

除了善于"制造"政界军界领军人物，西点军校更是培养商界领袖的摇篮。"二战"后，世界500强企业中，共有1000多位董事长、2000多位副董事长、5000多位总经理来自西点军校。这样看来，西点军校又堪称美国最优秀的"商学院"！

是什么造就了这种辉煌？是纪律训练！

西点军校非常注重对学员进行纪律训练。为保障纪律训练的实施，西点有一整套详细的规章制度和惩罚措施。比如，如果学员违反军纪军容，校方通常惩罚他们身着军装，肩扛步枪，在校内的一个院子里正步绕圈走，少则几个小时，多则几十个小时。类似的纪律训练要整整持续一年，纪律观念由此深深根植于每个学员的大脑中。纪律训练同时还增强了学员们的自尊心、自信心和责任感，这些都是让人受益终身的精神和品质。

一位企业董事长在西点军校接受了严格的纪律训练，他深有感触地说："它帮助我成为了一名合格的陆军指挥官。在后来为企业服务的职业生涯中，我成功地把这种纪律观念灌输给我的每一个下属，它又帮助我获得了不凡的成功。我发现，纪律的作用和重要性，比人们通常所想象的还要大。"

万科总经理郁亮曾详细解释过西点模式。他说："在万科看来，所谓西点模式，首先，意味着一种精神，一种强调'责任、国家、荣誉'的精神。放在今天的企业里面，则意味着一种强调'责任、团队、荣誉'的精神，意味着纪律与服从，团队与协作，以及一种坚忍不拔、自强不息的顽强意志。其次，意味着一套体系。西点军校学员自入校之日起，就要进行严格的检验与筛选，优胜劣汰。每个学员在考入西点军校前都要做好被淘汰的思想准备。第一学年新生淘汰率为23%，最终能学完4年毕业的学员只占入学总人数的70%左右。完善的教学体系，严格的日常管理，高度的竞争精神，自觉的约束机制，为西点军校200年来人才辈出提供了保障。最后，意味着一套成熟的管理模式。战场之上，情况瞬息万变，一点小小的疏忽，都有可能铸成大错。商场如战场，同样必须经常面临'滑铁卢'。因此，强大的领导管理能力、快速灵活的应变能力、准确高效的执行能力、配合默契的协同作战能力，不仅在战场上行之有效，在企业中同样不可或缺。"

郁亮还曾在文章《万科向西点学什么》中这样写道："很多时候，我们说，万科就像一个足球队。强调团队，但不反对创造；强调纪律，但不反对想象；有秩序但不呆板，有活力但不冲动。他们是理想的，也是现实的；他们是开放的，也是学习的；他们是快乐的，也是年轻的。相当长一段时间里，万科一直被认为是中国房地产业的'黄埔军校'。万科年轻的职业经理团队以其独特的团队精神、职业精神和张扬的个性，在中国新兴企业的发展历程中独树一帜，形成了独特的理想主义品格。"

巴顿可以说是美国历史上个性较强的四星上将，他在纪律问题上，态度毫不含糊。他深知，军队的纪律比什么都重要。他认为，纪律是保持部队战斗力的重要因素，也是士兵们发挥最大潜力的基本保障。所以，纪律应该是根深蒂固的，它甚至比战斗的激烈程度和死亡的可怕性质还要强烈。纪律只有一种，这就是完善的纪律。假如你不执行和维护纪律，你就是潜在的杀人犯。巴顿如此认识和执行纪律，并要求部属也必须如此，这是他成就事业的重要因素之一。

乔治·福蒂在《乔治·巴顿的集团军》中写道："1943年3月6日，巴顿临危受命为第二军军长。他带着严格的铁的纪律驱赶第二军，就像摩西从阿拉特山上下来一样。他开着汽车辗转于各个部队，深入营区。每到一处都要啰啰唆唆地训话，诸如领带、护腿、钢盔和随身武器及每天刮胡须之类的细则都要严格执行。巴顿由此可能成为美国历史上最不受欢迎的指挥官。但是第二军发生了变化，它变成了一支顽强、具有荣誉感和战斗力的部队……"

有位著名的田径教练，经常苦口婆心地劝运动员把头发理短。据说，他的理由是：问题并不在于头发的长短，而是在于他们是否遵守纪律、服从教练。

此事与"洗脑教育"颇有异曲同工之妙。所谓"洗脑"不外乎长期向受教者灌输一条规则，即使受教者心存反感，但强制性灌输使他们丧失了思考能力，只好服从。

这与训练军事人员的方法也有类似之处。新兵入伍时，往往采取"斯巴达式"的各种训练。这种做法的优点在于，使下属的身体疲惫不堪，没有提出反对的余地，渐渐形成无条件服从上司的心理定式。这种行为如果积累下来，便可形成绝对服从的团队纪律。

企业员工，也同样处在一种命令系统之中。例如，在一个团队中，若下属不能服从上司的命令，那么在执行任务、达成共同目标时，就可能产生障碍。反之，如能完全发挥命令系统的机能，此团队凡事必可胜人一筹。

这并非要企业将其员工以军队方式加以训练，而是从团队战斗力和执行力的角度，促使下属养成遵守纪律的习惯。

说到底，企业的基础是员工，"基础不牢，地动山摇"。如果把企业作为一部机器，那么无论是管理人员、技术人员，还是操作人员，都是机器的零部件，只有零部件运作正常，整台机器的运行才能正常。一个团结合作、富有战斗力和进取心的企业团队，必定是一个纪律严明的团队。对于企业和员工而言，敬业、服从、协作等精神永远比其他任何东西都重要。但这些优良品质并不是与生俱来的，所以，不断加强纪律训练和思想灌输就显得尤为重要。

坚决抛弃"法不责众"的错误观念

某厂有个工人盗窃了厂里的木材，数量虽然不大，但性质肯定是偷盗。因为这人是木工，平时上上下下找他帮忙的人很多，都与他有点交情，于是，这些人都出面求情，只有厂长坚持要依法处理。

有人就说："少数服从多数嘛。"厂长理直气壮地说："厂规是厂里最大多数的人通过的，要服从，就服从这个多数。"一时间，厂长似乎有点孤立，但时间一长，理解和赞同他的人便越来越多，偷盗厂内财物的情况也有了很大改观。

有的管理者认为，只有照多数人的意见办事才不会把事情闹大，才能和平地收拾局面。其实不然，不讲组织纪律，迁就多数，势必后患无穷。

大量事实证明，有些心怀叵测的人经常蒙骗群众，打着公众的旗号，以"多数"做后盾提出无理要求，并以"法不责众"为己开脱。这种人自称众，其实是"伪众"。在这种情况下，管理者坚持按制度办事可能会显得孤立，但这并不可怕，这种孤立必定是暂时的。

在一个健康有序的组织里，违反规则者应该是少数，因而从理想状态下的应然性上讲，法应责"寡"而不责"众"，但就现实意义上的实然性而言，当一个组织中盛行法不责众的思想时，就说明这个组织中违反规则者已为数不少，无疑应引起充分重视了。

处理问题如此，实施新规定、新纪律也应如此。新的规定和纪律一经提出，必定会有反对者。其中有对新规定不甚了解的人，也有为反对而反对的人。一片反对声中，制度的制定者便显得有些孤立。这个时候，一定要坚信孤立只是暂时的。

对于不了解新制度的人，要热情、耐心地向他说明道理，使反对者变成拥护者。对于为反对而反对的人，任你怎么说，恐怕他也不想接受新制度，那就干脆让时间去改变他的想法。

真理在握，反对者越多，自信心就要越强，就要越发坚决地为贯彻目标而努力。

有家商店，店面虽然不大，地理位置却相当好，但由于经营不善，连年亏本。新领导一上任，便决意整顿。他制定了一系列规章制度，这样一来，就结束了营业员们逍遥自在的日子，因此遭到一片反对，新领导被孤立了。但他仍然坚持原则，执行新制度。不到两年，商店转亏为盈。年终颁发奖金的时候，一个平时最爱在上班时间打毛衣，因而反对新规定最坚决的女士说："嗯，还是这样好。过去打毛衣，一个月顶多打一件，现在的奖金足可以买十几件羊毛衫了。"

这位新领导如果一开始服从大多数，求得员工们一时的拥护，最后只会变得更加孤立。假若他当时不搞改革，弄到工资也发不出的地步，他还能不被孤立吗？

现代社会讲民主，因此，少数服从多数成了理所当然的事。如果这个"多数"是由认识水准很高、纪律性很强的人组成的，而且他们的主张也确实是对的，这当然没有问题。但是，如果这个"多数"的组成分子都是些为一己之利而无视纪律的人，那管理者就要抛弃法不责众的观念，对他们高举惩罚的利剑。

第六章

让制度长青
——合理时也必须要合情

既坚持制度，又不伤害感情

福特公司的创始人，"T型车"的发明者亨利·福特不仅善于钻研、精通技术，而且在管理上也是一个全才。他几十年的企业生涯，历尽起落沧桑，但是他的管理才能让他屡屡赢得了成功。

作为产权人公司的大老板，福特虽然掌握着公司的所有大权，有权左右员工的命运，但他却从不滥用职权，还经常设身处地为员工着想。

有一次，一个老员工违反了工作制度，酗酒闹事，迟到早退。按照公司管理制度的有关条款，他应当受到开除的处分。管理人员作了这一决定，福特表示赞同。

决定一公布，这个老员工立刻火冒三丈。他委屈地对福特说："当年公司债务累累时，我与您共患难，3个月不拿工资也毫无怨言，而今犯这点错误就把我开除，真是一点情分也不讲！"听完老员工的叙说，福特平静地说："你知道不知道这是公司，是个有规矩的地方……这不是你我两个人的私事，我只能按规定办事，不能有一点例外。"

后来，福特了解到这个老员工的妻子去世了，留下了两个孩子，一个跌断了一条腿，另一个因吃不到奶水而啼哭不止。老员工是在极度的痛苦中借酒浇愁，结果误了上班。了解到这个情况，福特为之震惊，他立即安慰这位员工说："你真糊涂，现在你什么都不要想，赶紧回家去，料理你老婆的后事，照顾孩子们。你不是把我当成你的朋友吗？所以你放宽心，我不会让你走投无路的。"说着，从包里掏出一沓钞票塞到老员工手里，老员工被老板的慷慨解囊感动得热泪盈眶，哽咽着说："我想不到你会这样好。"福特却认为，比起当年风雨同舟时员工们对自己的帮助，这事儿简直不值一提。他嘱咐老员工说："回去安心照顾家吧，不必担心自己的工作。"听了老板的话，老员工转悲为喜："你是想撤销开除我的命令吗？"

"你希望我这样做吗？"福特亲切地问。

"不，我不希望你为我破坏了规矩。"

"对，这才是我的好朋友，你放心地回去吧，我会适当安排的。"事后，福特安排这个老员工到他的一家牧场当了管家。

亨利·福特处理工作不感情用事，能够做到既坚持制度，又不伤害下属的感情。再比如，有几个一起工作多年的员工，在公司遇到困难的时候背离了他，十几年后，公司状况好转，这几个人又找上门来了。

对于这样的人，相信任何人都难以容忍，福特也为此深感痛心，曾气愤地说："我希望永远不再见到你们！"但到福特公司兴隆、事业大振时，他早已把自己的誓言抛在脑后，欣然接受了这几名员工。老板不念旧恶使这几名员工深受感动，从此以后，他们和福特同心协力，为公司的强盛作出了自己的贡献。

松下幸之助认为，情感管理和制度管理是有效管理的两个方面。留住人才是每一个领导者所希望的，但要留住人才必须要做到情感管理与制度管理"双管齐下"。情感管理旨在从人之常情出发，关心员工生活，努力为其营造宽松和谐的工作环境，增强企业的亲和力。情感管理能有效弥补制度管理的不足，变消极为积极，化被动为主动。情感管理与制度管理，前者为柔，重在"布恩"；后者为刚，重在"立威"。刚柔相济，恩威并举，才能使员工心悦诚服。

赏罚分明才能锻造铁的纪律

三国时期，诸葛亮首次北伐，马谡大意失街亭，致使诸葛亮北伐之旅遭到彻底失败。诸葛亮退军后，挥泪斩了马谡，同时，对在街亭之战立有战功的大将王平予以表彰，擢升了他的官职。

自古以来，管理国家、军队、企业都有一条铁律，那就是"赏罚分明"。街亭战后，诸葛亮对马谡的杀以及对王平的赏，都充分体现了诸葛亮恩威并施的不凡智慧。通过他的举措，军纪得到了整肃，士气得以鼓舞。

在现代企业管理中，优秀的管理者要像诸葛亮一样，有奖有罚，恩威并施，这也是对员工的一个很重要的激励手段。形象一点来说，就是要管理者用好手中的棒棒糖和狼牙棒，要使员工明白，努力工作就能尝到棒棒糖的甜，犯了错误也会感受到狼牙棒的痛。

在企业里，管理者只有"赏罚分明"，才能不断强化正确的行为、抵制错误的行为。"赏"是对员工正确行为的一种肯定，帮助管理者旗帜鲜明地表明，员工哪种行为是自己所赞同的；"罚"是对员工错误行为的否定，表明哪种行为是被管理者禁止的。

赏罚分明，就要做到有理有据，摩托罗拉就是赏罚分明的代表。摩托罗拉每年的年终评估以及业务总结会一般都是在次年元月进行。公司对员工个人的评估是每季度一次，对部门的评估是一年一次，年底召开业务总结会。根据一年来对员工个人和部门的评估报告，公司决定员工个人来年的薪水涨幅，并决定哪些员工获得晋升机会。每年的2~3月份，摩托罗拉都会挑选一批优秀员工到总部去学习，到5~6月份会定下哪些人成为公司的管理职位人选。

摩托罗拉员工评估的成绩报告表很规范，是参照美国国家质量标准制定的。摩托罗拉员工每年制订的工作目标包括两个方面，一个是宏观层面，包括战略方向、战略规划和优先实施的目标；另一个是业绩，它可能会包括员工在财政、客户关系、员工关系和合作伙伴之间的一些作为。摩托罗拉员工的薪酬和晋升都与评估紧密挂钩，虽然摩托罗拉对员工评估的目的绝不仅仅是为员工薪酬调整和晋升提供依据。但是，在摩托罗拉根据评估报告进行员工薪酬调整和晋升的过程中，评估报告已经变成了表现摩托罗拉赏罚分明的一个最为重要的工具。

企业与军队有相似之处。一个军队赏罚分明，可以提升战斗力；一个公司赏罚分明，可以提升企业的市场竞争力。赏罚不明，一切制度都成了虚设；赏罚分明，制度就容易得到巩固和完善。

企业管理者在赏罚分明方面要注意3个问题：

（1）有功必有赏。下属有功劳而不能获得奖赏，就会心生怨气，陷入懈怠，失去工作主动性和积极性。

（2）有过必有罚。一个组织必须讲究制度和纪律，团队事务是公，不能因为个人私交感情而有过不罚。有过不罚，等于说企业管理者自动放弃了惩罚机制。

（3）奖罚一定要双管齐下。下属取得成绩，及时给予奖励和肯定，以此来激励下属取得更大的成绩。下属犯了错误，给予批评和惩罚，以此来警醒下属改正错误。另外，赏罚一定讲求公平，否则会引起员工的抵触心理。

让员工都遵从企业习惯

从前的木匠师傅，总是不厌其烦地交代学徒要保养好刨子、斧子、磨刀石等一套工具。为什么呢？因为师傅知道，徒弟爱上了这些工具，自然就爱上了他的本行。

在企业经营中，企业习惯是企业集体个性的集中体现。如果一个企业没有统一的个性习惯，企业便无法适应市场和环境。因此，管理者务必要做好将不同员工的不同个性融合为企业的共同个性，从而用企业习惯来统揽和规范不同性格员工的走向。

作为企业"领头羊"的管理者，不应把眼光仅仅盯在报表的利润增减上，而要经常挪动双腿深入基层进行调研，了解员工，关心员工，帮助员工解决实际困难。同时，团队成员之间要坦诚相待，相互支持、相互配合。唯有这样，才能营造出良好的团队管理氛围，激活员工的思维。经过数次重复后，就可以塑造出企业员工都认可的企业习惯。

一家外资企业，由于第一任总经理平时不注重细节管理，员工养成了一种"惰性"，纪律懒散，做事马虎。第二任总经理到任之后，很快就发现了问题，并尝试改变这种状况。他是一位了解人性和懂得管理规律的管理者，他没有期望用制度让员工改变，而是采用了一个更加人性和更需要耐心的"好办法"，那就是运用习惯的力量。

次日，他召集各部门负责人和保安队长开了一个短会。在会上他提出，要大家一起用足够长的时间，让员工养成整齐穿着工衣的好习惯，以形象习惯作为整顿的突破口。他的理由是，只要保证每一位员工能够做到工衣干净，穿着整齐，员工纪律懒散和做事马虎的态度就将得到彻底纠正。说明了重要性之后，他和大家约定了这件事情的规则：

（1）花3天时间，让各部门经理对所有下属包括保安进行说明和教育。

（2）由人力资源部找员工做模特拍一张标准着装照片，具体标识着装要领，并做成大幅"着装标准"图，张贴在公司工作区入口处。

（3）从第4天开始，由保安部门派出保安员按公司要求对每一位员工的着装进行检查。发现与标准不符的情况，确认员工所属部门，并立即联系其部门领导直接到门口领人，不得有误。保安员要注意文明执法，不可与员工发生冲突，如有挑战规则者，可以记录其名字，由公司给予严重警告处分（一种比较严厉的行政处分）。

规则开始运营的第一周，总经理本人每天早上会到场，目的是保障文明执法，避免冲突和树立保安权威。如此循环往复地坚持了半年多，员工终于养成了良好的习惯。

作为管理者，你一定要对企业习惯保持一种敏感性，如果不能从一种高境界来看待企业习惯，你的管理就会变得盲目。在这个意义上说，好的企业习惯就是一种生产力。

所以，企业管理者应该尽量塑造员工的良性固化行为习惯，如追求效率、细致、主动、创新、全局观念、不怕犯错、勇于承担责任等。在此基础上，很多工作能够化繁为简，上下级关系、员工关系能化僵持为融洽，思想能化苛求为宽容，许多制度也解决不了的问题能迎刃而解，企业运营也会变得顺畅自然。

员工自我约束是最好的管理制度

管理者和员工就像一对天生的"仇敌"，他们似乎处在矛盾的对立两面，永远无法调和。在工作中，大多数人都抱怨过老板忽视自己的意见，用指挥、命令的方式来行使领导的权力，甚至经常无情地批评与训斥下属。同样，老板对员工也经常感到不满意，他们认为员工不服从管理、不遵守制度、生产技能不够、懒惰、效率低下等等。

对于这种冤家似的矛盾，美国学者肯尼思·克洛克与琼·戈德史密斯曾在合著的《管理的终结》中指出，管理的终结不应是强迫式的管理，即利用权力和地位去控制他人愿望，而应是"自我管理"。

　　事实便是如此，最有效的控制是触发个人内在的自我控制，而不是强制。许多企业在推行人本管理的过程中花费了大量的时间和精力，效果却不甚理想。为什么呢？就是没有紧紧抓住最为关键的那个部分——帮助和引导员工实现自我管理。因为，现代企业的员工有更强的自我意识，工作对他们来说不仅意味着"生存"，更重要的是，他们要在工作中实现自己的价值。一个公司管理者，假如没有认识到这一点，那就无法管好他的员工，他的公司同样无法获得成功。

　　戴明博士是美国管理界的权威，曾被誉为"质量管理之父"。他曾经讲过这样一个案例：一个日本人受命去管理一家即将倒闭的美国工厂，他只用了3个月的时间就使工厂起死回生并且赢利了。为什么呢？原来道理很简单，那个日本人解释道："只要把美国人当做是一般意义上的人就行了，他们也有正常人的需要和价值观，他们自然会利用人性的态度付出回报。"可见，真正的"人性化管理"，是帮助和引导员工实现自我管理，而不是要求员工完全按照事先设计好的方法和程式来思考和行动。

　　西门子公司有个口号叫做"自己培养自己"，它是西门子发展自己文化或价值体系最成功的办法，体现了公司在员工管理上的深刻见解。和世界上所有的顶级公司一样，西门子把人员的全面职业培训和继续教育列入了公司战略发展规划，并认真地加以实施，只要专心工作，人人都有晋升的机会。但他们所做的并不止于此，他们把相当多的注意力放在了激发员工的学习愿望、引导员工不断地进行自我激励、营造环境让员工承担责任、在创造性的工作中体会到成就感这些方面，以便员工能和公司共同成长。对西门子来说，先支持优秀的人才再支持"准成功"的创意更有价值。这种理念的前提就是，经过挑选的员工绝大部分都是优秀的，他们必须干练、灵活和全身心投入工作。他们必须有良好的学历、积极发展自我的潜力。当然，公司也正是因为有了这些优秀的员工才获得业绩和利润的增长。

西门子公司的案例有效说明了"道之以政，齐之以刑，民免而无耻；道之以德，齐之以礼，有耻且格"这个道理。对于管理者而言，员工的自我约束是最好的管理制度，是企业成功的法宝。当然，员工自我管理虽然是一种切实可行的积极的目标，但是真正做到却非常不容易。领导者和管理者不仅需要具备帮助、引导、培训的种种技巧，还需要极大的热情、耐心。

机制的最大意义是保证人尽其才

企业实现执行力的关键是需要建立一种协同个人贡献的机制，即"群体运行机制"。企业的管理者为了提高公司业绩和执行力，已经越来越重视人才的使用。但大量事实证明，单纯关注个体员工使用的管理者并不能保证一个组织高效运行。

沃尔玛的群体运行机制就很有效率，一直为业内效仿。在20世纪90年代初，沃尔玛的创始人山姆·沃尔顿从周一到周三，每天都要派出大约30名主管去调查9家沃尔玛商店和6家竞争对手的商店。他们搜集到很多商品的价格，并作对比。在调查商品价格的同时，这些负责调查的主管们还会观察货物是怎么摆放的，消费者在购买些什么，商店的外观、氛围如何，竞争对手采取了哪些新的措施，雇员的反应如何等。

这个机制的高效率秘诀在于管理者和现场执行人之间没有隔层。没有隔层的最大意义在于时间和信息，没有延迟，没有扭曲，没有怀疑。星期四的早上，沃尔顿召开了一次4个小时的会议，与会的还有约50个经理。他们中有考察商店的主管、物流经理，还有广告部负责人。通过分析考察结果，他们很快就会作出类似某地区需要10万件羊毛衫上架这样的决定。

观察家表示，沃尔玛这套机制运行的关键在于，创始人山姆找到了最适合从事调查工作的人，保证了依靠调查结果而决策的效率。这样的机制，能够使调查的主管积极工作，使商店的执行人员迅速根据决定进行调整，使物流和广告投放人员在团队运行中高效工作。在这里，人们协同一致地工作，同时，还增强了责任感。如果有人在工作中没有尽力，自然就不能为星期四的会议做好准备，在会上马上就能被山姆看出来。

保证人尽其才，这需要在合适的岗位安排合适的人才，并使这些人才协同一致，以此来提升团队的运行效率。迪克·布朗就是设计这种制度的高手。他在1999年1月当上了IT服务业巨人——电子数据系统公司（EDS）的CEO。而在他上任之前，公司庞大的规模和全球化经营使EDS陷入了繁杂的事务中。EDS试图调整业务，但结果很不理想——业务大幅萎缩，连续几年未能达到预期赢利。

　　布朗创立了群体运行机制，以保证公司的成功。其中最重要的一项是每月1次的"执行会议"——一个包括来自全球约100个EDS业务主管的电话会议。在会议中，每个单位的月成果和自年初的累积成果都要被讨论到。这样很快就可以知道谁做得好，谁需要帮助。这使每个部门不得不高效工作，避免居人之后。另外，在与业绩不理想的主管的对话过程中，布朗会刨根问底，以此使落后者感到压力，从而迎头赶上。

　　布朗设计的群体运行机制以其公开、公平的特点赢得了公司上下的赞誉，使每个主管都可以根据业绩的需要自觉调整自己的团队，力求每一个人都是在他最合适的岗位上工作。布朗每两周都要给全体员工发电子邮件，让他们了解公司的一些特别成就，同时讨论公司在优先业务里所处的状态，这种做法使公司的共同目标得到加强，决策得到制定。到1999年年底，EDS的群体运行机制表现出效果，公司各级主管把关注点转移到吸引和留住有天赋的人身上，促使人尽其才。同时，公司里的每一个员工对公司自身的成长、客户满意度以及责任感的关注也日益增强。EDS的业绩由此直线上升。

随着组织成员越来越多，协同一致就成了更大的挑战。为了分摊责任，公司往往会创建一种组织构架。建立这种构架时，也就是组织内部的社交互动发生改变的时候。通常，一个部门到另一个部门的信息流动会遇到障碍或者被歪曲。公司规模越大，人们分享信息、作出一致的决策和调整其优先业务的难度就越大。决策的速度变慢，执行力的优势就被削弱。因此，企业运行机制的最大意义是保证公司各项信息流动的便捷性、有效性和准确性，保证人尽其才。

不仅仅依赖制度、行政命令和上下级关系

企业管理者在领导员工的时候，不能因为自己处于领导者位置而表现出居高临下、高傲自大的姿态，不能依赖制度的框架而使下属觉得管理缺乏感情，不能片面地依靠命令而使下属产生束缚和限制，不能因为上下级关系而使员工产生距离感。否则，团队问题将会层出不穷。

有这样一个故事：美国纽约有一家动物园，因为人手不够，就从社会上招聘了一批饲养员，其中有一位特别爱干净，对小动

物也特别有爱心的饲养员，他每天都把小动物住的屋子打扫得干干净净。可是事与愿违，那些小动物一点也不领他的情，在干净舒适的环境里，它们都慢慢变得委靡不振，有的生病，有的厌食，一个个日渐消瘦。

到底是什么原因呢？这位饲养员很苦恼，就去请教有经验的人。别人告诉他：那些动物都有自己的生活习性，有的喜欢闻到那混浊的骚气，有的看到自己的粪便反而感到很安全。只有尊重它们的生活习性，它们才会健康成长。

这个故事说明：有效的管理必须针对组织内个体的需求，包容个体的差异性，并在此基础上灵活应对、多元管理，从而达到一个"和"的团队氛围。假如像故事中的饲养员那样，无视员工个体的差异，一味追求看似完美的统一，那么这样的组织最终一定会因抹杀了个体的个性而导致解体或僵死。

这一点在福特汽车的兴衰上体现得十分明显。亨利·福特是美国汽车业的一面旗帜，他改变了美国人民的生活方式，是美国人民的英雄，被誉为"20世纪最伟大的企业家"。但是，福特在管理上的专制和他与员工之间的对立状态，却使他的企业蒙受了损失。福特有一个错误的观念，在他眼里员工无异于商品，对于不服从命令的员工可以随时"扔掉"，反正只要出钱，随时能够再"买进"新的员工。

这个观念差点断送福特汽车的前途。从1889年开始，福特曾经两次尝试创办汽车公司，但最终都因为管理出问题而失败。

1903年，福特与其他人合作创办了美国福特汽车公司，后来，福特聘请了管理专家詹姆斯·库茨恩斯出任经理。在库茨恩斯的卓越管理下，1908年，独霸天下的福特T型车诞生了。随后，T型车极其迅速地占领了汽车市场，而福特汽车公司也一举登上了世界汽车行业第一霸主的宝座。

成功和荣誉使福特变得更加傲慢无礼，他认为所有的员工都只是花钱雇来的，所以假如员工不绝对服从自己，就只能让其离开。直到20世纪20年代，在长达20年的时间里，福特公司只向市场提供单一色彩、单一型号的T型车。销售人员曾多次提出增加汽车的外观色彩，但福特的回答是："顾客什么颜色都不要，只要黑色的。"因为不愿适应市场需求去改变汽车的设计，福特公司就这样停止了前进的脚步。因为福特的独断专行，员工都纷纷离职，最后连库茨恩斯也无奈地另觅他处。1928年，亨利·福特为他的独断专行付出了巨大的代价，福特公司的市场占有率被通用汽车公司超越了。

这个教训是深刻的。在亨利·福特晚年时，福特汽车公司已经面临垮台。他的孙子从祖父的手里接过了掌管公司的任务。为了挽救这个摇摇欲坠的公司，"福特二世"聘用了一大批杰出的管理人才，例如后来担任过美国国防部长的麦克纳马拉、原通用汽车公司副总经理内斯特·布里奇等。在这些人的大力改革下，福特公司重新焕发了生机。"福特王国"又一次迎来了它的辉煌顶峰。

但是，好景不长，随着企业的业绩越来越好，福特家族顽固蛮横的弊病又一次发作，"福特二世"继承了老福特的坏脾气，他开始嫉贤妒能，接连解雇了3位和他意见不合、功勋卓著的总经理。在他的排挤下，为福特的再次崛起立下汗马功劳的布里奇、麦克纳马拉等人纷纷离开公司。这些优秀人才的离去，使福特公司再次败落，业绩一落千丈，最后只得把公司的经营权全部交给福特家族以外的人。

其实最好的领导方式应该是空气式的领导。空气看不见摸不着，所以不给人没有意义的压力，但空气无处不在，人们离不了空气。好的领导给员工的压力是生活所必需的，是员工自我鞭策自加的压力。当一个领导是企业离不开的人时，说明了领导对公司发展的价值。领导的思想、理念、所传递的制度规范也要弥漫在企业的每个角落，能达到这种境界的领导才是真正高明的领导。

实施走动管理，消灭官僚作风

一般人看到官僚主义都只会想到政界，其实它也存在于企业界，其摧毁作用不比政界弱。杰克·韦尔奇一向非常憎恨官僚主义。对他来说，官僚主义就是敌人。官僚主义意味着浪费、延缓决策制定、不必要的审批，以及其他所有扼杀公司竞争精神的东西。

一位年轻的大学生曾经问韦尔奇：假如一个大公司碰到官僚主义，你会怎么做？韦尔奇回答："拿一枚手雷炸掉它！"他觉得每个人的职责是，至少尝试着使企业摆脱铺张浪费的官僚主义。但是说得轻松，做起来又谈何容易？甚至那些在消除这一毒瘤上做得好的公司，也不可能一劳永逸地割除它，因为它每隔几年都能找到办法死灰复燃。所以一些管理者在对待如何消除企业官僚主义这一点上也是非常决绝的。例如麦当劳创始人雷·克罗克就是一个果断的人。麦当劳公司曾有一段时间面临着严重的亏损危机，经过调查之后，他发现起因是各职能部门的经理有着很严重的官僚主义作风，习惯躺在舒适的椅背上指手画脚，把许多宝贵的时间耗费在抽烟和闲聊上。这让他十分愤怒，立即命令将所有经理的椅子靠背锯掉。刚开始的时候，很多人私下里骂他是个疯子，但是当他们纷纷走出办公室，深入基层，开展"走动管理"的时候，发现管理当中的确存在着许多的问题。通过及时了解，现场解决问题，公司终于实现了扭亏为盈的目标。

　　现代大企业中的通病就是官僚主义。总裁办公室附近的员工，工作几年甚至都没能和总裁说上话，这样的体制怎么会不出问题？怎么能获得建设性的意见？管理者绝不是仅仅坐在办公室发布命令的人，走动管理体现了上级对下级或对客户的一种关怀。通过面对面的接触，管理者常常可以更好地对下级进行指导，直接同下级交换意见，特别是能够听取下级的建议，了解下级遇到的各种问题，从而能更有效、更及时地采取相应的措施。

用特殊方式激发员工的工作动力

美国肯德基国际公司的子公司遍布全球60多个国家，数量达9900多个。然而，肯德基国际公司在万里之外，又是怎么管理好子公司的呢？

一次，上海肯德基有限公司很意外地收到了3份总公司寄来的鉴定书，对外滩快餐厅的工作质量分3次鉴定评分，分别为83、85、88分。公司中外方经理都为之瞠目结舌，这3个分数是怎么评定的？后来他们才得知，肯德基国际公司雇用、培训了一批人，让他们佯装顾客潜入店内进行检查评分，从表面上看，这些"特殊顾客"和普通顾客一样，毫无差别。这就使快餐厅经理、雇员时时感到某种压力，丝毫不敢疏忽。这就是肯德基国际公司管理的高明之处。

有的企业，老板在场的时候，有些员工就装模作样，表现卖力，老板前脚刚走，他们就在办公室里大闹天宫了。有时，老板会在这个时候杀个回马枪，刚好逮个正着。不过这种情况毕竟是少数，因为老板没有这么多精力去跟员工玩游击战，所以，要想管理好企业，主要还是确立制度。如果建立一套完善的制度，让员工意识到，无论任何时候，都必须一如既往地认真工作，那么，员工就不会钻空子偷懒了。

很多企业都在宣传"老板在与不在都一样"的理念，这句话说起来容易，但做起来却难了。要想达到这种效果，管理者就必须采取一些措施，时时给员工一点儿压力、一点儿动力，以保持他们不懈的进取心。

正确只能把事情做对，而用心才能把事情做好。尤其对于直接服务于顾客的企业来说，更应以责任感作为管理的核心。

为了能让员工树立起一种责任感，除了向肯德基学习，找一些"特殊顾客"替自己监督外，你还可以采取下面的几种方法：

1. 把"我的事"变成"你的事"，把"我解决"变成"你解决"

老板不要轻易地亲自帮员工解决问题，除非解决该问题超出了员工的权力范围和能力范围。这样既培养了责任感，也培养了员工的工作技能和独立解决问题的能力。

2. 经常对员工的表现予以肯定

老板的肯定就是员工的价值取向。没有人不期望得到老板的肯定。老板应着重了解顾客对员工的评价，凡受顾客广泛好评的员工，老板就要肯定，可以公开表扬，也可以加薪、晋级，还可以送礼物，总之，要让努力的人更努力，不努力的人知道努力的方向。

3. 树立榜样

在自己的团队中，树立一个榜样，对激发员工的责任心有着深远的意义。社会上的榜样太遥远，而身边的榜样不仅容易学习，更有一种直接压力和动力。

第七章

让制度与文化融合

——善用企业文化来影响员工

人性化管理，从尊重每一位员工开始

尊重员工是人性化管理的起点。如果不重视员工的感受，不尊重员工，就根本谈不上真正的人性化管理。只有员工的个人身份受到了尊重，他们做事情才会更加用心，才愿意站到企业的立场，主动与管理者沟通和探讨工作，完成管理者交办的任务，心甘情愿地为企业付出。

深谙人性化管理精髓的管理者深信：员工是企业最值得尊重的对象，是企业最重要的客户。缺乏对员工的重视或者尊重，就会使员工变得充满怨恨与冷漠，并将这种情绪直接或间接地传递给公司的客户，最终导致企业绩效的低下。

从某种程度上说，一个企业的命运其实是掌握在员工手里的。我们可以卖相同的产品，但是员工和员工之间却可以有很大差异。我们可以请咨询顾问来规划企业未来的战略，但是，如果员工不去贯彻执行，所有的战略都是零。我们最需要的其实就是一群以工作为乐的高素质的员工，而获得并留住这些员工，最终激发他们的工作热忱，靠的就能是公司"员工第一"的理念。只有把员工当成企业最重要的客户，才能实现企业、员工与市场三赢。

企业服务的滑坡，首先是出错率增大，这常常是因为员工不愉快，接着就是抱怨，最后才是顾客抱怨。只有做到员工至上，员工才会把顾客放到第一位。因为员工只有得到公司的尊重和关爱，才能为公司的客户提供高品质的服务。也就是说，企业只有拥有了有强烈的主人翁意识的员工，才能真正做到"顾客至上"。

如果员工在一个不快乐的公司工作，他所关注的就不再是客户，他需要花时间来应付公司的那些纠纷、小道消息和发泄被老板压制的不快。杰出的企业正是要提供给他们一个快乐的工作环境，把所有的忧虑都留给公司，而把所有的精力都留给员工。

人人都有追求自尊心与心理满足的需要，每个员工也都有其重要性，因此一定要尊重每个人。对员工来说，他们在内心深处都渴望得到领导的重视和尊重。他们认为，在地位上的差异他们能够接受，但在情感上却希望自己的贡献、自己的价值能得到认可，这种认可的体现就是在企业中能得到别人的尊重，尤其是上级领导的尊重。上下级之间的相互尊重是一种强大的精神力量，它有助于增进企业和员工之间的和谐，有助于企业团队精神和凝聚力的形成。如果有一方被轻视了，双方的合作就不会有好结果。

大家或许不知道，入选美国《财富》杂志最佳雇主榜的星巴克，历史其实很短，1971年星巴克才开始创业。那个时候，公司只是卖咖啡豆，还不是现在大家熟悉的咖啡店，咖啡店是1986年才开始有的。但是在这么短的时间里，星巴克却有着快速的发展，截至2007年5月，在大中华区包括台湾、港澳一共有460多家连锁店。现在，星巴克平均每天在全世界都要增开6家分店。

星巴克成功的秘诀是什么？大中华区前副总裁翁以登说："在咖啡店这样一个传统的行业中，为什么星巴克能够成功？不可否认，星巴克有自己独到的创新，但是我认为最重要的一点是，在星巴克员工第一，顾客第二。"

或许你会奇怪，在一个消费者占主导的市场里，星巴克怎么敢把顾客放在第二位？翁以登说："道理很简单，你对员工好，他们才会对顾客好；如果你拼命要他们对顾客好，可是你却对他们不好的话，这样就非常难实现你的要求。"

去查阅一下"最佳雇主"公司，你会惊讶地发现，他们几乎都是市场表现非常优秀的企业。他们并不是因为有了钱才去体恤员工，而是因为把员工放在第一位才成就了企业。

这些企业的基本特征都是经理开明，员工敬业——事实上这两者之间是互动的，这就是一个良好的工作环境对组织绩效的影响。

随着世界经济发展水平的提高，企业管理也发生了越来越多的变化。过去，对被管理者的社会需求尊重不足，引起了越来越多的批评。发展经济的目的，是为了人，因此创造财富的过程中，应该尽量满足人的生存、安全、尊重多层次的需求。

举世闻名的摩托罗拉公司这样阐述自己对人力资源的看法："人才是摩托罗拉最宝贵的财富和胜利的源泉。摩托罗拉公司将对人才的投资摆在比追求单纯的经济利益更重要的位置。尊重个人是摩托罗拉在全球倡扬的企业理念。为此，摩托罗拉将深厚的全球公司文化融合在中国的每一项业务中，致力于培养每一个员工。"尊重个人，肯定个人尊严，构成了摩托罗拉企业文化的最主要内容。

具体来说，摩托罗拉将"尊重个人"理解为：以礼待人，忠诚不渝，提倡人人有参与权，重视集体协作，鼓励创新。摩托罗拉公司通过为员工提供培训、教育、专业发展机会，后勤保障，公司内的沟通方式，来实现对个人尊严的肯定。

在现代企业管理中，人力资源在企业中的作用是最具潜力的，也是最富有弹性的。员工个人的工作热情、工作态度、对组织的认同是企业发展极为重要的因素。只有把尊重员工切实落到实处，才能赢得员工对公司的热爱，极大地发挥员工的潜能，从而使企业得到良好的发展。因此，企业要以新的思维来对待员工，要从营销的视角来开发组织中的人力资源。从某种意义来说，人力资源管理也是一种营销工作，即企业要站在员工需求的角度，通过提供令顾客满意的人力资源产品与服务来吸纳、留住、激励和开发企业所需要的人才。

员工是企业的"衣食父母"。一个企业的效益、利润，是由员工创造的。把员工放在第一位，像尊重"上帝"一样尊重他们，将会带来一流的顾客服务水平，企业自然会有良好的业绩。

用爱为员工构筑温暖的企业大家庭

社会文明虽在孜孜追求人性的境界，但社会竞争却使很多老板把员工看做是为自己赚钱的工具，无休止地要求其做事，很少予以关怀。美国著名的管理学家托马斯·彼得斯曾大声疾呼："你怎么能一边歧视和贬低员工，一边又期待他们去关心质量和不断提高产品品质！"无疑，这样的管理者是不合格的，这样的公司也终究不会长久发展。高明的管理者会努力把公司营造成温暖的大家庭，让员工在公司也能感受到家的温暖和关爱。

客观地讲，被关怀是每个人内在的特殊动机和需求。企业只有掌握这一"人"的要素，才能调动员工的主动性、积极性和创造性，让其发挥最大的能力，为实现共同目标而努力工作。

作为管理者，要努力在公司营造良好的环境，把每个员工都当做家庭一员对待，营造家的温馨，才能形成亲和力和向心力。反之，只顾自己获利，让员工拼命干活，却不让员工分享利益，这样的企业是不会有什么发展前景的。

一个幸福完美的家庭应该充满着温馨、和谐与关爱，企业也一样，这种气氛不仅有利于提高全体职员的工作积极性和创造性，还能为公司带来很多利益。所以，让公司成为家，应该成为每一个管理者的目标。这只需要管理者真心地关心员工，而关心员工最简单的方式就是坚持"以人为本"的原则，把员工当成自己家人，帮他们做事，关心他们的生活。

一个组织内部，劳资双方是什么关系完全取决于企业如何对待员工。能够体贴、关心员工的，二者就是鱼水关系，员工这条鱼就不会离开企业这池水；如果仅仅把员工看成是一个工具，对其缺少人文关怀，二者就是油水关系，彼此貌合神离，员工也完全是拿薪水做事，缺少积极主动的工作热情；如果把员工当成剥削的对象，盘剥甚至压榨员工的既得利益，那二者就是水火关系，彼此形成对立。

因此，不能简单地把上下级关系理解为雇佣关系，而是应该发自内心地关爱员工。这样员工才会把企业的事情当成自己的事来做，能够自我管理以及主动工作，企业的经营目标才能得以实现。

事实证明，关心员工并不需要多么庞大的付出，只要把你对家人那种嘘寒问暖的关怀，同样送给你的员工就可以了。

对于一个企业来说，最为重要的"财产"是什么？不是资金，也不是厂房设备，而是忠心耿耿、精诚团结、自发工作的员工。

所有的财富都是由人创造出来的，机器设备只有在人的运用之下才可能创造出"奇迹"。所以，想要成为一个成功的管理者，当人们越来越执迷于追求充足的资金、先进的设备的时候，千万不要忘记，你最大的财富是你的员工，你最需要做的就是用真诚打动他们，在公司营造家的氛围，以激励他们心悦诚服地为你工作。

找到人性化与制度化之间的平衡点

人分男和女，万物有雌雄。世间一切充满对立和统一。单独存在的事物是没有的，这是宇宙间的规律。同样，企业在进行管理时不能只采用一种方法，应该找到人性化与制度化之间的结合点，将二者相结合，软硬兼施，这样才会取得更理想的效果。

比如，员工违反了规章制度，要不要处罚？当然要，不然，就等于有错不咎，赏罚不明，长此以往，企业必会陷入"人情化"的泥潭。但如何罚？简单地照章办事，这是常规的做法，但这样可能会造成人才流失，还会在公司形成一种劣胜优汰的恶劣影响，导致的必然结果可能是企业的垮台。

因此，在必须处罚的前提下，还要融进人性化的因子，设法让员工"愉快地"接受处罚，变惩罚为激励，让员工在接受惩罚时怀着感激之情，甚至达到单纯奖励所不能达到的激励效果，这就是惩罚的艺术性。

"按制度办事"绝不单单是冷酷无情，只要大胆创新，把制度化与人性化有机结合起来，处罚完全可以变得和正面奖励一样有激励作用，甚至比正面奖励还要积极有效。

不仅在执行制度时是这样，在制定规章制度时，如果能找到人性化与制度化的结合点，也会收获更多的积极效果。

有一家企业把员工的一般性违章、严重性违章、蓄意性违章以及造成严重后果的事故区别对待，以1～40分的不同分值予以量化。一年内如果个人积分累计达到20分，违章员工就得自缴安全培训费100元，停工培训3天；个人积分累计达到40分者，就只能按规定算账"走人"。这套制度就既有严格性，又有人性化，体现了教育为主、处罚为辅的人本原则。在制度原则范围内，给违规员工更多的改过机会，而不是一棍子打死。

还有一家企业规定：如果一个员工违章，按规定每次应当处罚200元。但在执行时将200元的处罚先记在账上，然后明确告诫他规定时间内如果没有再犯，处罚就可取消，但若再犯，就要加倍处罚。这使员工们感到企业是在真心实意帮助他们，而不是想跟哪一个人过不去。

由此可见，企业管理其实是一件说起来容易、做起来难的事。管理者想管理好员工，让他们去遵守企业的各项规章制度，就需要把握一个度的问题，在制度管理当中融入适当的人性化管理。那员工呢？则希望企业管理更加人性化：制度松一些，自由空间大一点。如果在一个企业中，无法处理好人性化管理与制度化管理的关系，可能会引发很多深层次的问题，从而在企业中形成诸多不稳定因素。

有了制度，文化建设才不会成为空中楼阁

一千个人对同一个事物可能有一千种看法。进行企业文化建设，只有理念引导是远远不够的，需要在向各级员工不断强化管理理念的同时，用合理、规范的制度制约人的行为，并清晰、深入地贯彻到企业的各项基础管理工作之中，明确告诉员工什么是不能做的，是企业反对的，且需常抓不懈，才能克服和改变少数人的弱点，保护大部分人的正常利益，形成良好的行为惯性。

企业文化作为企业软实力的核心，已经越来越受到企业的重视。但进行企业文化建设或改造，如果不探讨这个企业的制度建设，只能是一种空洞的、不真实的主观臆想。

企业规章制度是企业文化体系构成的重要内容，所以也有人把规章制度称为企业的制度文化。在企业文化建设过程中，制度文化的建设是至关重要的。没有制度的保障，企业文化只能是肤浅的，只会流于形式，消亡于无形。

中国企业在成长和发展过程中有两种基本的文化现象：一是企业的理念很时髦、很先进，在天上飘，但企业家和员工的行为

却在地上爬，企业文化理念与行为严重背离，造成文化虚脱症；二是员工心理契约的天然缺乏，导致企业管控复杂而无效。其根源在于企业文化没有落地，仅停留在时髦的口号与词汇上，缺乏内在的推进机制与执行系统；同时，由于中国企业没有经历工业文明的长期洗礼，员工职业化程度低，企业行为与员工行为缺少自律机制，心理契约天然缺乏。在这种情况下，要想真正打造优秀的企业文化，最重要的是要把企业文化渗透到企业的制度建设、流程建设以及员工行为规范建设的过程中去，重在使企业的文化生根落地，而不仅仅是追求一个时髦的文本。

井然有序、蓬勃向上的员工队伍是办好企业的重要条件，也是一流企业的重要标志。管理制度的显著特点是具有实践性。管理制度一经制定，就要求所有员工按章办事，行为有所规范，并在日积月累、反复实践的过程中，形成一种良好的风气和优良的学习、工作习惯，再从习惯变为员工的自觉行为，进而形成一流的企业文化。

企业文化建设或改造的重要目的在于推动企业生产经营的发展。要发挥这样的作用，就需要把具有抽象指导意义的企业文化制度化，形成企业制度文化。企业文化虽然无形，但绝不是空中楼阁，而是体现于有形的制度中，并成为企业制度的载体。只有把文化理念融入并根植于制度中，在制度中体现出文化理念的要求，才能实现对员工的文化管理。

例如，思科为实现"客户满意是我们第一大责任"的理念，每年都聘请一个顾问对公司进行调查、打分，其结果直接关系到员工的薪水，长此以往，这个理念就慢慢形成了制度文化。IBM公司的创始人老托马斯·沃森把"营销导向"作为企业理念，把关心用户、关心社会作为公司价值观的支柱，从公司各级领导到各制造厂的工人们，都要接受企业规章制度的严格培训，从而把"IBM就是服务"的理念灌输到每一个员工的思想之中。

我们还可以看到，一个企业诞生时，有的只是创业者的一些美好理想及为实现这些理想而制定的规章制度，然而恰恰是在这些制度的实施、完善、再实施的过程中，日积月累最终形成了企业文化。比如，张瑞敏刚掌管海尔的时候，虽然他想"追求卓越"，但并没有天天喊这样的口号。他如何做呢？强化制度刚性，如"不准随地大小便"。慢慢地，海尔人有了文化追求，"真诚到永远"成了海尔的文化象征，海尔的企业制度成了企业管理规范的一种象征，制度升华为文化，成为海尔人的文化自觉。

在企业中，文化理念和行为规范作为一种倡导，有时其约束功能显得很不足，企业面对的往往是与文化背离，也就是与价值观不一致的言与行，这时候，制度的刚性就显得弥足珍贵。

可见，优秀的企业文化不是自发形成的，而是必须通过一定的条件培养和打造而成的。人们普遍认同一种新文化可能需要较长时间，而把文化"装进"制度，则会加快这种认同过程。全体员工普遍自觉遵守的行为准则是企业文化中的重要组成部分，而员工行为习惯的形成，也只能在一定规章制度的约束和干预下才能形成。

以制度为基础推行企业核心价值观

Siebel公司是目前全球领先的以客户为核心的电子商务应用软件供应商，该公司就是一家将价值观有效融入组织结构的公司。任何新员工，只要在Siebel公司待上一星期，就一定会明白"让客户满意"是公司的一个核心价值观。公司墙上张贴的宣传品都取材于客户的年报，所有会议室都以客户来命名，最重要的是，奖金和薪酬也都以外部审计员对公司的客户满意度进行调查的结果为依据，从制度上确保企业核心价值观的真正融入。

朗讯公司推行企业文化的时候，先是对新文化进行广泛宣传，让大家知道公司要力推的每一项企业文化的含义是什么，并通过许多场合和形式让员工熟悉公司价值观的内容。一年之后，公司通过管理游戏来检测员工们的行为模式，发现不少成员的反应与公司的价值观要求有很大差距。后来，人力资源部和各事业部门开始将员工的业绩考评和企业文化结合在一起。员工的业绩考评中，业务成绩是一个指标，另一个指标是员工的行为表现。很快，朗讯企业文化的打造就完成了。

强生也是一个例子，该公司常常以看起来陈旧的方式不断向员工灌输价值观。从公司高呼的口号到基于计算机的培训，这个零售巨人不断强调卓越、客户服务以及尊重员工等核心价值观。"我来自欧洲，在那里，我们认为高声欢呼之类的东西代表了人的肤浅，"一位接受管理培训的学员说，"但我必须承认，不管是休息室里贴的标语，还是我们读到的创始人的格言，一点也不可笑。"这是因为，企业用具体的制度强化了这些核心价值观。例如，员工就卓越服务提出了新方法时，强生公司就会按制度对他们进行奖励。

企业优秀的核心价值观，能够把企业所有员工的不同价值观整合为企业的根本价值观，对于原本就认同企业价值观的员工会产生巨大的强化作用，对于个人价值观与企业价值观不同的员工就会产生巨大的同化作用。

但是，企业的核心价值理念能否落实到企业的行为上去，最终同化整个企业的员工，而不是停留在纸上或贴在墙上成为口号与标语，关键在于，要制定以核心价值观为主的企业文化制度，使企业核心价值观有制度、有措施、可规范、可考核。正如价值管理的首创者肯·布兰查所说："公司应设定符合愿景与企业文化的若干价值信条，并通过设立员工守则、工作信条等方式，具体落实到员工的日常工作上。"

可见，企业倡导的价值理念，必须要以制度为线来推行，只有把核心价值观充分体现在企业的制度安排上，使企业员工的价值理念充分体现在企业的实际运行过程中，通过制度的方式统率员工的思想，才能最终使企业的核心价值观作为员工在思想上的制度而存在，从而植根于员工的心中，植根于整个组织。

让制度与企业文化理念相契合

当前，在很多企业，制度和文化存在"两张皮现象"，制度是制度，文化是文化。企业的制度并没有跟企业的核心价值观关联起来，具体的制度条文也未能很好地体现企业的核心文化理念。有些企业一方面提出了自己的价值观，另一方面，在制定制度时，却没有将企业的价值观贯彻到制度中去。有的是专业技术欠缺，有的是为了眼前利益而放弃了对企业价值观的坚持。长期下去，必然导致制度与企业核心价值观的脱节。因此，我们在进行企业文化建设时，必须确保制度与文化理念的契合。

做到二者的契合，其前提是保持制度的制定与文化理念的一致性。保持一致性要注意以下5点：

1.让员工了解他们在制度制定中的角色要求

员工希望通过企业的成功而达成个人的成功，因此，在大部分情况下，员工的利益与企业的利益是紧密联系的。企业帮助员工实现成功，首先要让他们了解自己在企业制度制定中的角色要求，并使之努力符合甚至超过这些要求。

企业有多种方法让员工了解他们的角色要求：

（1）正规的工作说明。正规的工作说明对每一项工作的参与程度都做了说明，并对其要求逐一进行详细解释，以保证工作的成功。

（2）制定制度时，上下级面对面地会谈与沟通。管理者、监督者通过与部下面对面地会谈来了解他们的要求，向他们讲清楚他们在其中发挥的作用。

（3）如果制度发生了基于文化理念的变化，而员工还是基于自身利益而固守原来的想法，那么，管理层需要做的工作就是让员工更加明确地认识到自己在文化变革和制度变革中的位置，并力求让他们心甘情愿地拥护新制度，扮演新角色。

在实施文化变革时，企业对工作人员的要求也会随之改变。管理者必须以不同于往常的方式进行管理，还必须对新的行为进行奖励和评估。企业员工同样必须以不同于往常的行为行事，不同的企业文化类型会有不同的角色要求。

2. 制度的方向定位

作为企业文化变革的一部分，基于新文化理念的制度将企业所有成员引向新的文化，因此，企业应让员工们了解企业为了创建一个有利的文化环境已经做了哪些工作，正在从事什么工作，了解企业期望他们能作出的贡献，在新的制度面前应该保持怎样的态度等等。不管企业运用哪一种手段，都需要对现有的和即将加入的员工进行这一过程的教育。制度方向定位的表现形式有：

（1）及时发布企业文化变革过程中产生的文件、企业制度变革实施阶段产生或加以改变的文件或政策等。

（2）对制度变革过程中有关员工的角色变化提出新的要求。

（3）支持新文化的观点和理论说明。

（4）充分说明企业迄今已经实施的制度变革，让员工明白制度的变化是系统性的。

（5）"说出事情的真相"——鼓励员工就制度问题与企业的高层管理者进行直接接触。对于员工来说，能对"了解情况"的某个人直接提出问题、澄清概念、说明自己关注的情形，会非常有助于他们接受对文化进行的变革。

3. 持续性的信息发布和交流

企业必须对文化变革所产生的制度变革向企业员工充分通报，通报的内容可以包括：这一变革主要是为了提高职责能力，还是为了利用团队化所产生的协作实现对重要而稀缺技能的有效使用？实施的新政策或工作程序，对原有政策和工作程序的改进，要从深度上加以说明。

4. 对文化理念带动的制度变革的控制

企业文化带动制度变革过程中肯定会出现很多问题，因此，要建立一种发现变革中的问题和情况并对此加以解决的机制，这种机制是用以发现可能妨碍进步或导致失败的警示系统，是员工向企业汇集信息的手段，是用以产生新观念和改善文化变革进程的工具。这种程序鼓励员工提出自己的想法、建议或问题，同时要求提出的问题一定要得到解决和落实。

5. 制度要得到员工认可

千万不要将这个条件简单化，因为它是从制度上升到企业文化的重要一步，而通向这一步的核心就是把握制度效力点所在的问题。制度的效力点不在别处，就在人们心中。只有做到了这一点，制度才能真正与文化理念相契合，并支撑企业的整个文化大厦。制度制定是为了将价值观转换为员工的共同行为，是固化企业文化的过程。当制度内涵未得到员工的心理认同时，制度只是管理者的"约束文字"，至多只反映管理原则和规范，对员工只是外在的约束。当制度内涵已被员工心理接受，并自觉遵守与维护而形成习惯时，制度才能凝固成为一种文化。

解决了制度制定与文化理念一致性这个问题之后，下一步工作就是实现二者的契合。以下是比较有效的方法：

（1）公司明确提出将企业文化理念作为企业制度制定的指导思想，同时在制度执行的过程中，高度体现企业文化理念，将理念的精神落到实处。

（2）依据已经确认的企业文化理念和行为准则，检查确定企业现行制度中有没有与文化理念相违背的内容，强化与企业文化相融合的制度，修正或废弃与企业文化不相容的制度。

（3）以企业文化理念为基准，对企业制度进行经常性的检查，以适应变化和提升了的理念。通过组织和管理手段，防止制度与文化理念相背离的现象发生。

（4）通过企业控制体系，控制企业文化发展的基本走向，及时纠正偏差，并对文化理念的更新和发展提出建设性建议。

（5）通过必要条件，将企业文化理念的贯彻执行制度化。

总之，尽管制度建设是文化建设的基础和保障，但是制度要更好地体现企业文化建设，成为企业文化的良好支撑和具体体现，也不是无条件的、自然而然的，必须将硬性的制度嵌入作为软性管理手段的企业文化之中，使二者契合起来。这也是现实中企业制度众多，但有影响的企业文化却不多的一个重要原因。所以企业在制度建设和文化建设过程中，一定要做到让企业制度与企业文化理念相契合。

用考核推进企业文化建设

有些领导者口口声声说要引进民主管理的企业文化，加强员工参与，可一到做决策时就大搞"一言堂"。这种言行不一的做法将会严重损害企业领导团队的威信。

企业文化建设不是一蹴而就的事，多数人在变革初期出现的言行不一，主要还是行为惰性的问题。面对复杂的现实，人们往往会用习惯思维来应对，这一点十分正常。但作为企业文化建设，必须促使人们改变自己的行为规范、思维方式，习惯不是一两天形成的，自然也不是一两天可以改变的。

因此，企业文化建设要通过硬性措施来推进，考核就是手段之一。通过一些考核措施，可以达到约束行为、规范理念的作用，主要体现在以下几个方面：

首先，通过考核可以让员工尽快转变观念。观念的转变可能需要一段时间，但一些行为的改变是可以具体考核的。尤其是考查各单位主要负责人落实企业文化建设的力度和效果。

其次，通过考核可以明确奖惩对象。通过考核，奖励企业内符合企业文化要求的先进员工，惩罚违背企业文化要求的员工，这对企业文化建设具有极大的促进作用。

再次，通过考核可以表明企业文化建设的决心。

最后，通过考核可以塑造长期的行为。企业文化具有长期性，如果没有形成制度，很难使一种新理念得到认同并长期存在。

随着企业文化实施的不断深入，它将由突击性工作转变为日常工作，企业文化实际上进入了一个形成制度的阶段，这些制度主要包括：考核制度、企业文化先进单位和个人的表彰制度、企业文化的传播制度、企业文化建设预算制度等。把企业文化考核制度化，需要注意如下几点：

第一，目标具体。把有关考核内容进行目标细化，比如，把企业文化宣传的培训次数、培训评估后达到什么效果等描述出来，便于执行和考核，也可以把看似虚的工作落到实处。

第二，明确时限。考核要有时间限制，在规定时间完成规定任务，以保证企业文化建设的整体进度。

第三，联系实际。考核要保证部门之间的平衡，同时，还要注意各部门和单位的实际情况。

第四，常抓不懈。企业文化是对员工的塑造，是企业长远发展的基础，它需要一个过程。不能简单地认为只要大搞宣传，就可以高枕无忧了。考核工作可由企划部或直接由企业文化处来长期执行，这也是现代考核制度的一个趋势。

第五，考核的全员化。通过企业文化的引导和实施，企业初步建立起的企业文化理念层的精神要素基本得到认同，企业特殊制度和风俗基本成型，成为人们日常工作的一部分。这时，企业文化建设就进入了巩固阶段，主要工作是总结企业文化建设的经验和教训，将成熟的做法通过一定的制度加以巩固。固化工作最有效的方法，就是将企业文化纳入到全员考核体系中。

可以根据企业实际情况，把各部门和员工贯彻企业文化建设的情况，纳入考核体系，给予一定的权重（如5%~10%）。通过日常的考评来提醒、督促员工遵守企业文化，使用鼓舞人心的警句格言或形象语句，广泛进行宣传。

第六，培养团队合作精神。部门与部门之间、部门与个人之间、个人与个人之间都需要良好的配合，对于有协作意识的员工和部门应及时给予奖励。此外，可用拓展训练培养员工的团队协作精神。

文化要与企业环境相适应

企业文化必须保持对企业环境的适应性，而企业环境总是在不断变化的，因此，再优秀的企业文化也必须不断创新。管理人员必须不断改变企业文化以适应环境变化，调节企业和睦或一致的程度，这需要进行企业文化的重塑和整合。

企业文化重塑，是指在公司范围内建立一种全新的文化，以代替过去曾经引导公司走向成功，但现在很难满足公司成长需要，而且越往后越会阻碍公司发展的旧文化。它有4个显著的特性：艰难性，广泛性，长期性，艺术性。管理人员可以采取以下几个步骤来重塑企业文化：

1. 了解企业文化现状与环境的契合度

（1）明确勾勒出期望的文化轮廓。由中高层领导讨论并制定出在执行公司新策略的前提下，公司所期望的企业核心价值观及行事信念。经过讨论所达成的共识，一定要转换成员工看得到，并能够以数字评估的量化指标。

（2）对现有企业文化进行审查及了解。对企业文化的调查主要是要找出现存文化与理想文化的距离，并找出最大的障碍所在。

2. 采用由上而下的方法重塑企业文化

（1）建立全体员工的危机意识。通过沟通让主管及员工了解改革的重要性，并说服员工共同参与。

（2）建立新的绩效考核制度以强化新组织文化及其价值系统。若顾客导向是公司想要重建的文化，那么在绩效考核制度中，就该将顾客满意度纳入考核指标，让员工清楚地知道公司期望的是什么。

（3）高层领导是否以身作则常常是成败的关键。在企业文化塑造过程中，主管本身的行为常是员工配合与否的重要依据。如果主管不能以身作则，员工便会存有侥幸心理，以那些不以身作则的主管为挡箭牌，如此一来，就无法期望员工能够配合公司做任何行为上的改变。

3. 采用由下而上的方法重塑企业文化

在企业文化塑造过程中，往往都是公司一味地由上而下倡导，但基层员工感受不到变革的重要性及来龙去脉，也较难理解自己应如何调整以配合新方向。现在已有一些公司，通过一些计划，直接邀请基层员工配合公司方面由下而上地动起来。

4. 倡导新企业价值观，培育新的企业精神

建立和完善企业制度，结合当前市场经济的特点和本企业的实际，提出明晰的具有竞争开拓精神的价值观。

5. 不断追踪更新的企业文化的执行进度及状况

当公司设定文化改造的计划和目标后（如顾客满意度），企业应定期进行追踪。当高层领导发现情况与目标有差距时，应尽快找出背后的原因，并快速修正。通过不断地追踪、检查和改善，新的企业文化才能渐渐强化并深入人心。

可见，如果说企业文化重塑主要针对文化变革的话，那么，企业文化整合就是应对企业文化冲突最有力的武器。

理想的企业文化整合，是指不论企业文化特质如何、效能怎样，整合的结果不但产生了新的文化，而且使整合过的企业文化的整体水平跃迁到一个新的高度。最理想的企业文化整合并非是已有的或新生的企业文化特质的一般协调和统一，不是它们的简单系统化，而是旨在创造引导文化向最优效能、最佳结构方向趋近的系统化。如果能达到这样的效果，才是最佳的企业文化整合。

让优胜劣汰淘汰出活力与竞争力

杰克·韦尔奇说："行动能力是淘汰出来的，你最重要的工作不是把最差的员工变为表现不错的员工，而是要把表现不错的员工变成最好的。"要提高公司的活力，在公司内部的用人机制上，需要遵循适者生存、不适者淘汰的原则，及时裁减冗员，将那些不能胜任工作的员工淘汰出局。这样，一方面能减轻企业的负担，另一方面也使留下来的精英时刻有一种危机感。

在一个企业内部，如果没有一种竞争的氛围，势必出现"堆出于岸，流必湍之；木秀于林，风必摧之"的情形。如此，优秀的人才必然掩藏自己的才华，以求自保，企业也必安于现状，不思进取，最终输在外部竞争中。为了增强企业的活力与竞争力，优秀的企业会在内部引进合理的竞争机制。

世界知名的企业，都有各自成功的秘密法则，但有一个法则是通用的，那就是：留下优秀的，淘汰差劲的。通过优胜劣汰的方法，他们把那些对公司发展并不能提供更多帮助的员工清出局，而对那些具有成功潜质的员工悉心培养。

当然，体制问题还有行业的性质导致每个企业的实际情况不尽相同，再加上淘汰制也没有固定的模式，一个企业在实践中必须结合自身的实际情况和管理需求来贯彻这一管理理念。下面提供3种基本模式以供参考：

1. 考核淘汰制

这是利用考核评议结果作为淘汰标准的机制，这一机制的特点在于其公正、客观和有效性，它被绝大多数企业采用。

创大公司在深化内部改革过程中，建立了新的用人机制，全面实行员工自然淘汰制度。该制度共分5个层次，3个考核评议区，按百分制每半年进行一次量化考核，1年为一个考核周期，每次考核按3%左右的比例，在各考核区由高分往低分，确定淘汰对象。员工淘汰下岗后，由公司组织专门学习和培训，待具备上岗条件后再竞争上岗，弥补因淘汰下岗造成的缺员。

据当时的相关资料表明，正是由于创大公司采取了考评淘汰制度，第二年，其母公司经济效益取得了历史性突破，一举扭转连续24年亏损的局面，实现了扭亏为盈。

2. 末位淘汰制

"末位淘汰"是指依据某种标准将处在最末的人员淘汰出去。淘汰有多种涵义，如降职、轮岗、培训等，实在不适合岗位的，才真正予以淘汰。

"末位淘汰制"可以使员工时刻保持竞争状态，时刻具有危机意识。它不是一个简单的人员淘汰，而是较充分地考虑了员工的努力程度，它使企业员工在整个考核年度中，熟知自己的工作职责和业绩标准，可以依据自己制定的具体目标，并通过自己的努力工作来把握自己的命运。"末位淘汰制"的压力最终会转变成员工的工作动力。

企业在采取这种淘汰制度时应当果断坚定，但必须保持公正。在进行"末位淘汰"时不能搞一刀切，若这样，倒霉的一定是最基层的员工。淘汰应分层次：部长、主任、主办等各个层级都应有合理的人员流动，这样才能激活整个组织。

实行"末位淘汰制"最重要的就是，要避免出现某些人将其个人行为变成组织行为。否则，淘汰出去的反而可能是人才。为了杜绝这种现象，就必须确保建立科学的考核体系和相对独立的监督反馈机制。通过这个体系，员工应该有一个明确而稳定的预期：他有权知道也应当清楚自己在什么情况下、怎样做才是正确的；他这样做了，劳动权益就应受到保护。如果"末位淘汰制"完全不具备这种明确性、公开性和公正性，那就只会搞得人人自危，谁都不知道自己是不是处于"末位"，谁都不知道怎样做才不至于陷入末位陷阱，压制他人成长的恶性竞争也会迅速增长。这样，员工整体的工作安全感下降，压力增大，投机心理和愤怒情绪普遍看涨，就会对企业发展起到完全相反的效果。

3.知识老化型员工的淘汰机制

这种淘汰是基于知识管理的一个举措。随着社会的快速发展，知识的不断更新，面对知识经济时代的挑战，很多员工在企业发展过程中，有可能因知识结构的老化而不适应时代或者是企业发展的需要。针对这种情况，有关专家提出的知识老化型员工淘汰机制具有借鉴意义。

知识老化型员工淘汰机制属于知识奖惩机制的范畴，知识奖励机制还包括知识薪酬支付制度、知识股权期权制度、知识晋升制度、知识署名制度和知识培训制度等。专家们认为，知识老化型员工淘汰机制是针对不能实现企业知识管理目标的员工而建立的淘汰机制，通过建立知识老化型员工淘汰机制，可以从反面推进企业知识管理目标的实现。